기초에서 실무까지
정보화 실무

Powerpoint 2021 파워포인트

교재에서 사용하는 실습 파일 및 완성 파일은
교학사 홈페이지의 [자료실]–[출판]–[단행본]으로 접속하여
'정보화 실무 파워포인트 2021'로 검색한 후 다운로드하여 사용하세요.

Contents

SECTION 01 파워포인트 2021 시작하기
- ① 새 프레젠테이션 시작하기 … 4
- ② 기본 화면 구성 살펴보기 … 5
- ③ 저장 및 종료하기 … 6
- ④ 간단한 문자 입력하고 저장하기 … 8
- ⑤ 파일 불러오기 … 9

SECTION 02 슬라이드 기본 관리
- ① 슬라이드 크기 조정 및 레이아웃 변경 … 12
- ② 슬라이드 삽입/이동/복사/삭제하기 … 14

SECTION 03 슬라이드 테마와 배경 설정
- ① 테마를 선택하여 새 프레젠테이션 시작하기 … 18
- ② 테마 변경하기 … 19
- ③ 배경 설정하기 … 20

SECTION 04 텍스트 입력과 서식
- ① 텍스트 입력하기 … 24
- ② 텍스트 서식 설정하기 … 25

SECTION 05 단락과 글머리 기호
- ① 줄 간격 조정하기 … 28
- ② 글머리 기호 삽입하기 … 29
- ③ 목록 수준 조정하기 … 30

SECTION 06 WordArt 스타일
- ① 텍스트에 WordArt 적용하기 … 32
- ② WordArt에 텍스트 입력하기 … 33

SECTION 07 도형 활용
- ① 도형 삽입하기 … 36
- ② 도형 채우기 … 37
- ③ 도형 순서 변경하기와 그룹화 … 39

SECTION 08 도형 병합과 투명도 조절
- ① 도형 병합하기 … 42
- ② 투명도 조절하기 … 45

SECTION 09 SmartArt 그래픽
- ① SmartArt 삽입하기 … 48
- ② SmartArt 편집하기 … 49

SECTION 10 표 작성
- ① 표 삽입하기 … 52
- ② 표 서식 설정하기 … 53
- ③ 표 테두리 변경하기 … 54

SECTION 11 차트 작성

① 차트 삽입하기 ... 56
② 차트 레이아웃 및 요소 변경하기 ... 59
③ 차트 스타일 설정하기 ... 61
④ 차트 종류 변경하기 ... 62

SECTION 12 이미지 삽입과 편집

① 이미지 삽입하기 ... 64
② 이미지 자르기 ... 66
③ 이미지 교체하기 ... 68
④ 투명 배경 이미지 만들기 ... 70

SECTION 13 슬라이드 마스터 디자인

① 슬라이드 마스터 설정하기 ... 72
② 특정 슬라이드의 마스터 서식 변경하기 ... 75

SECTION 14 오디오 삽입과 제어

① 오디오 삽입하기 ... 78
② 오디오 제어하기 ... 79
③ 오디오 트리밍과 부드럽게 시작하고 끝내기 ... 81
④ 오디오 재생 중지하기 ... 82

SECTION 15 비디오 삽입과 제어

① 비디오 삽입하기 ... 84
② 비디오 트리밍과 페이드 시간 설정하기 ... 86
③ 비디오 표지와 서식 변경하기 ... 87

SECTION 16 애니메이션 효과

① 애니메이션 설정하기 ... 90
② 애니메이션 복사하기 ... 92
③ 애니메이션 추가하기 ... 93

SECTION 17 화면 전환과 모핑

① 화면 전환 효과 적용하기 ... 96
② 화면 전환 효과 제어하기 ... 98
③ 모핑 적용하기 ... 99

SECTION 18 하이퍼링크와 실행 단추

① 하이퍼링크 설정하기 ... 102
② 실행 단추 삽입하기 ... 104

SECTION 19 발표자 도구와 예행 연습

① 슬라이드 노트 작성하기 ... 108
② 발표자 도구 사용하기 ... 109
③ 예행 연습하기 ... 112

SECTION 20 슬라이드 배포와 인쇄

① PDF 형식으로 내보내기 ... 114
② 비디오 파일로 내보내기 ... 115
③ 유인물 인쇄하기 ... 117
④ 암호 설정하기 ... 119

PowerPoint 2021

01 파워포인트 2021 시작하기
SECTION

파워포인트는 아이디어와 정보를 청중에게 효과적으로 전달할 수 있게 해 주는 도구입니다. 특히 2021 버전은 디자인 도구가 개선되어 초보자도 쉽게 작성할 수 있으며, 협업 기능이 강화되어 실시간으로 공동 편집할 수 있는 장점이 있습니다.

1 새 프레젠테이션 시작하기

1 바탕화면에 있는 [PowerPoint]를 더블클릭하면 파워포인트 빠르게 시작하기 화면이 나타납니다. [새 프레젠테이션]을 클릭합니다.

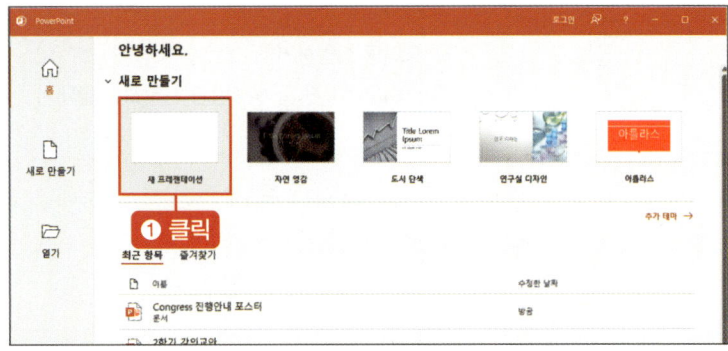

더 알아보기 '파워포인트 빠르게 시작하기' 화면 살펴보기

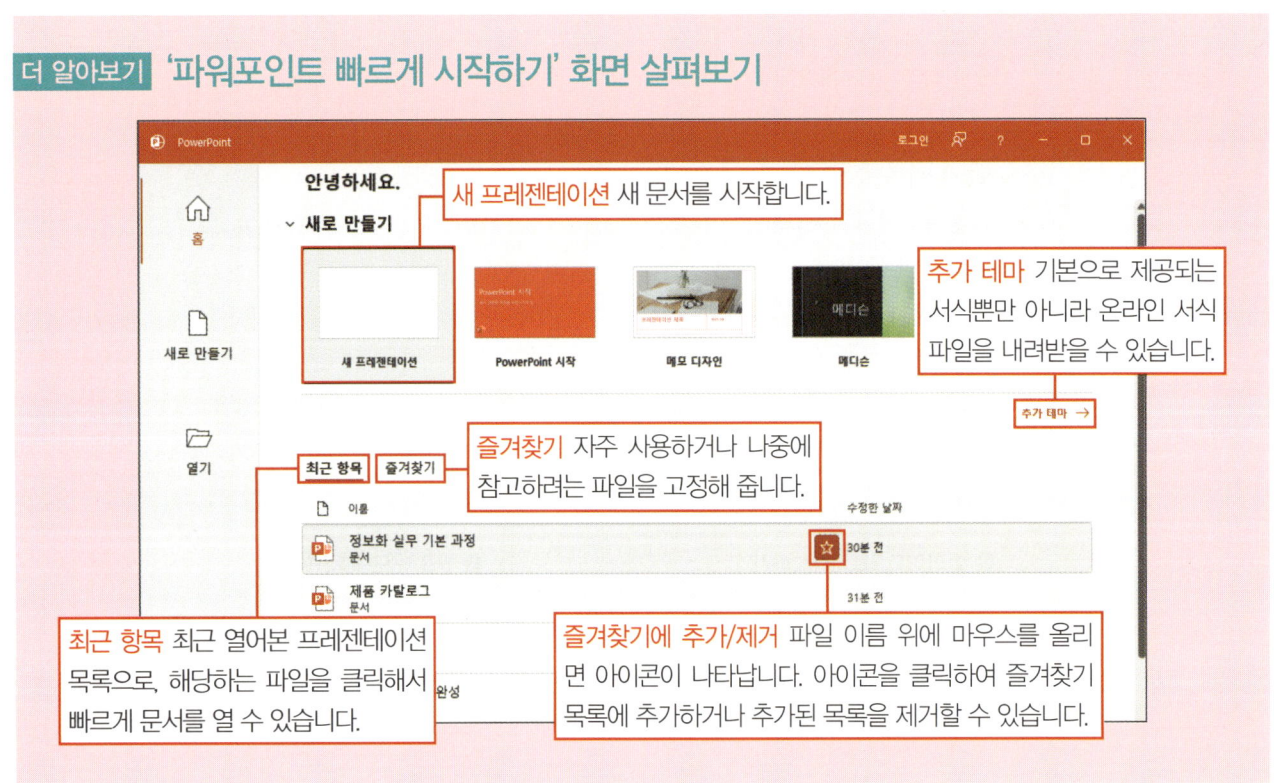

새 프레젠테이션 새 문서를 시작합니다.

추가 테마 기본으로 제공되는 서식뿐만 아니라 온라인 서식 파일을 내려받을 수 있습니다.

즐겨찾기 자주 사용하거나 나중에 참고하려는 파일을 고정해 줍니다.

최근 항목 최근 열어본 프레젠테이션 목록으로, 해당하는 파일을 클릭해서 빠르게 문서를 열 수 있습니다.

즐겨찾기에 추가/제거 파일 이름 위에 마우스를 올리면 아이콘이 나타납니다. 아이콘을 클릭하여 즐겨찾기 목록에 추가하거나 추가된 목록을 제거할 수 있습니다.

2 기본 화면 구성 살펴보기

1 다음과 같이 새 슬라이드가 열립니다.

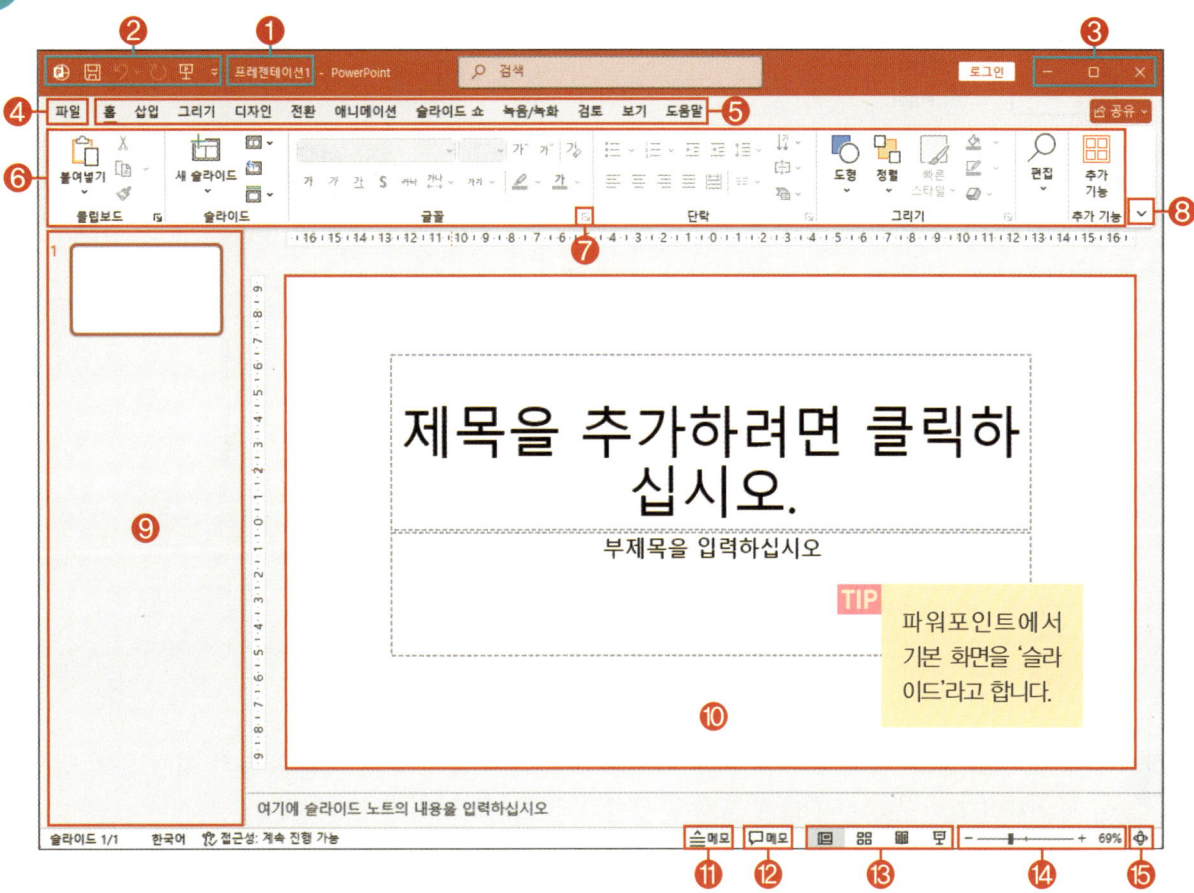

> TIP 파워포인트에서 기본 화면을 '슬라이드'라고 합니다.

❶ **제목 표시줄** 현재 작업 중인 프레젠테이션 문서의 저장 파일명이 표시됩니다.

❷ **빠른 실행 도구 모음** 자주 사용하는 도구의 모음으로 사용자가 원하는 대로 추가, 삭제할 수 있습니다.

❸ **창 크기 조절** 창을 최소화, 최대화, 종료합니다.

❹ **[파일] 탭** 새로 만들기, 열기, 저장, 인쇄, 공유 등의 기능을 지정합니다.

❺ **[메뉴] 탭** 파워포인트에서 제공하는 기능을 그룹별로 묶어 제공합니다.

❻ **[리본 메뉴]** [메뉴] 탭을 누르면 각 해당 탭에서 자주 사용되는 명령들이 그룹별로 표시됩니다.

❼ **[대화상자 표시]** 기능의 세부 옵션을 설정합니다.

❽ **[리본 메뉴 축소]** [리본 메뉴]를 축소하고 탭 이름만 보여 줍니다. 임의의 [메뉴] 탭을 더블클릭하면 [리본 메뉴]를 다시 보이게 할 수 있습니다.

❾ **[슬라이드/개요]** 슬라이드를 축소판 그림 형태로 보여 줍니다. 슬라이드 순서를 바꾸거나 삽입/삭제할 수 있습니다.

❿ **[슬라이드]** 기본 작업 창입니다.

⓫ **[메모(슬라이드 노트)]** 발표자가 참고할 내용을 작성합니다.

⓬ **[메모]** 의견이나 변경 내용 등을 작성합니다.

⓭ **[화면 보기]** 슬라이드의 화면 보기 상태를 지정합니다.
  [기본] 슬라이드의 기본 편집 화면입니다.
  [여러 슬라이드] 슬라이드를 축소해서 한 화면에 나열해 줍니다.
  [읽기용 보기] 슬라이드 쇼의 미리보기로 프레젠테이션을 검토할 때 사용합니다.
  [슬라이드 쇼] 현재 슬라이드부터 [슬라이드 쇼]를 보여 줍니다.

⓮ **[확대/축소 슬라이더]** 슬라이드의 화면을 확대/축소합니다. 확대 비율을 확인할 수 있습니다.

⓯ **[현재 창 크기에 맞춤]** 슬라이드가 확대/축소되었을 때 현재 창 크기에 맞게 조절합니다.

3 기본 옵션 설정하기

1 [파일] 탭-[옵션]을 클릭합니다.

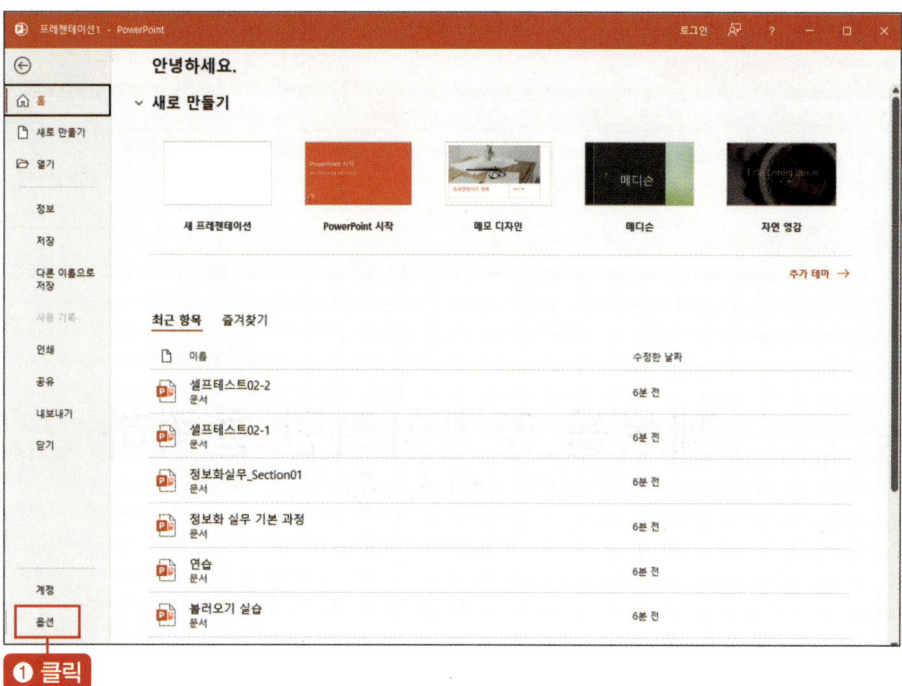

2 [PowerPoint 옵션] 대화상자가 열립니다. 왼쪽에 있는 일반, 저장, 리본 사용자 지정 등의 탭을 선택하여 사용자의 작업 스타일에 맞게 옵션을 설정할 수 있습니다.

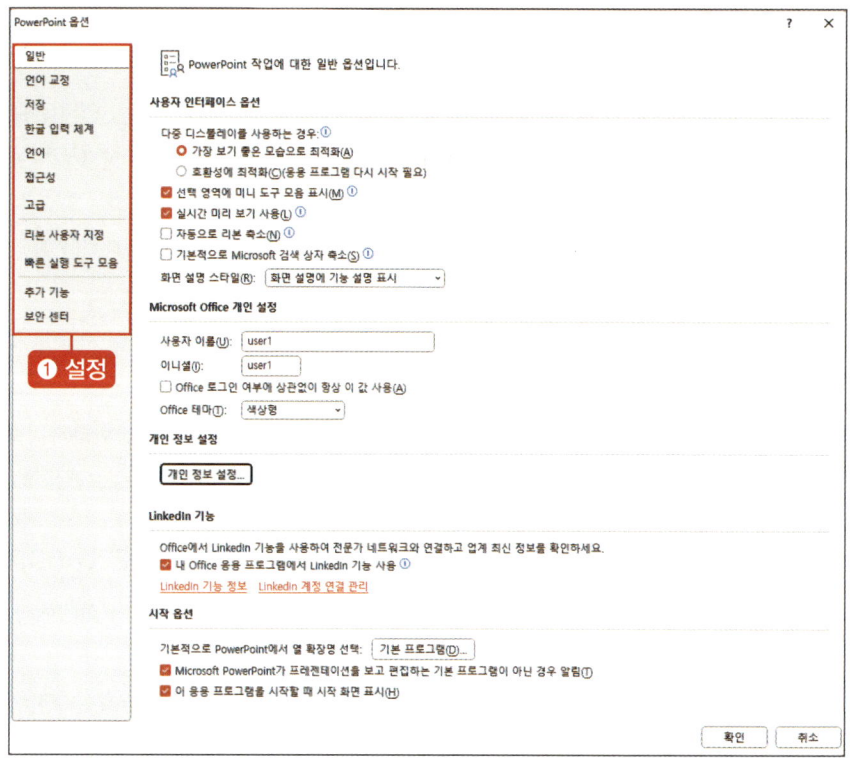

3 문서를 저장할 때 글꼴을 함께 포함하면 다른 컴퓨터에서의 글꼴 호환성 문제를 해결할 수 있습니다. [저장]-[파일의 글꼴 포함]을 체크합니다.

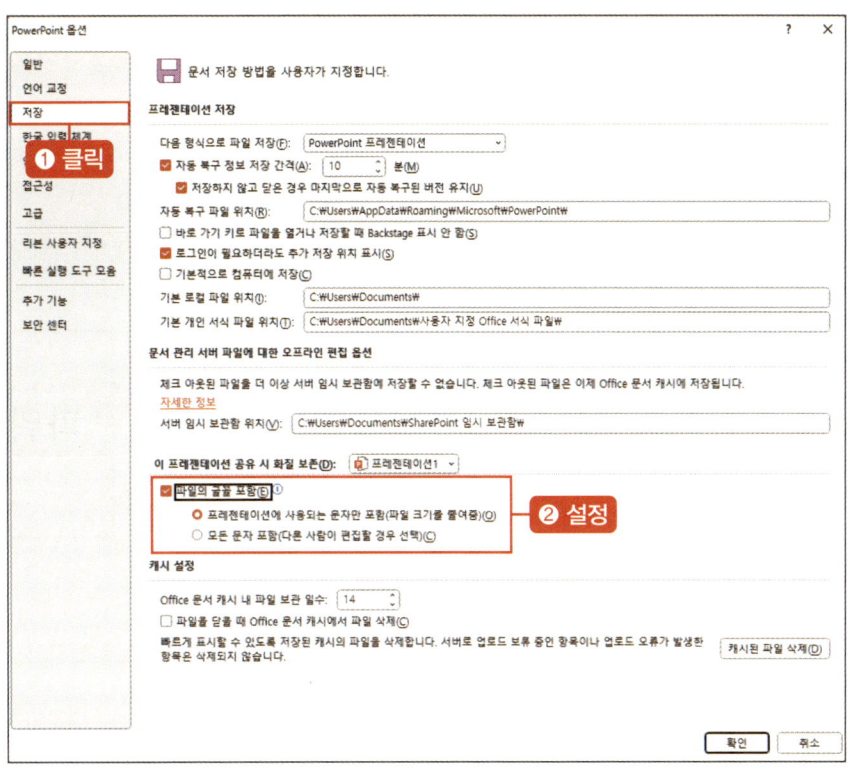

4 실행 취소 버튼을 눌렀을 때 기본적으로 최대 20회까지 가능하도록 설정되어 있습니다. 이를 변경하기 위해 [고급]-[편집 옵션]-[실행 취소 최대 횟수: 50]으로 조정합니다. 최대 150회까지 입력할 수 있습니다. 설정이 끝나면 [확인]을 클릭합니다.

4 저장 및 종료하기

1 제목 텍스트 상자를 클릭하여 '파워포인트 마스터하기'을 입력하고, 부제목 텍스트 상자를 클릭하여 '기초부터 차근차근'을 입력합니다.

> **TIP** 파워포인트 2021에서 [새 프레젠테이션]을 실행하면 제목을 작성할 수 있는 제목 슬라이드 레이아웃이 나타납니다.

2 문서를 저장하기 위해 [파일] 탭-[다른 이름으로 저장]을 선택하고 [이 PC]를 더블클릭합니다. [다른 이름으로 저장] 대화상자가 나타나면 [파일 이름]에 '연습'을 입력하고 [저장]을 클릭합니다.

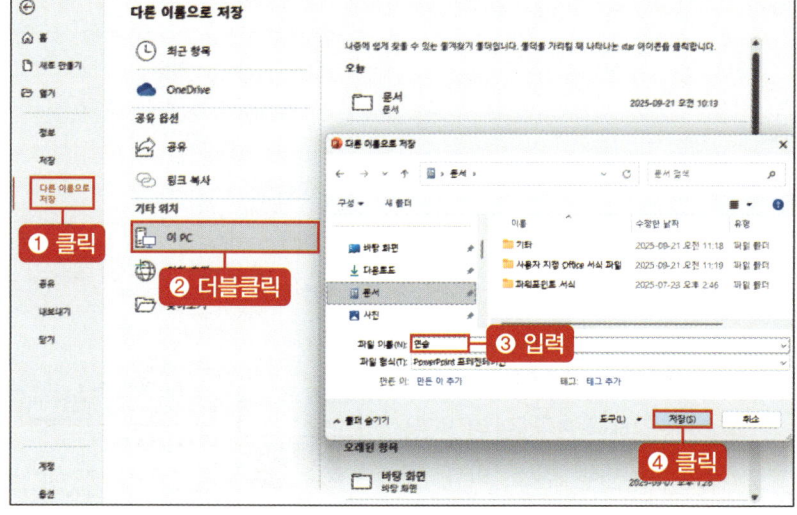

3 저장된 파일 이름을 확인할 수 있습니다. 파워포인트를 종료하려면 [파일] 탭-[닫기]를 클릭합니다.

> **TIP** 창 크기 조절에서 ✕를 클릭해도 파워포인트가 종료됩니다.

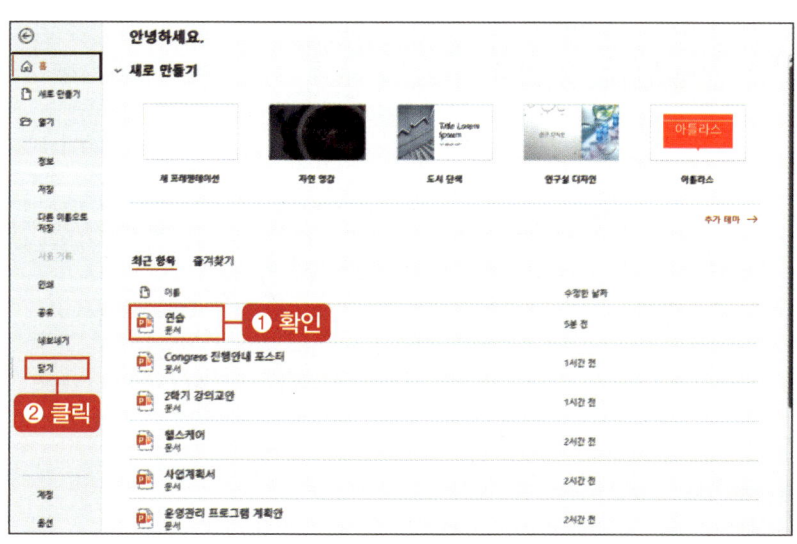

5 파일 불러오기

1 기존의 파워포인트 파일을 불러와 활용할 수 있습니다. [파일] 탭-[열기]에서 [찾아보기]를 클릭합니다.

2 [열기] 대화상자가 나타나면 저장해 둔 '연습.pptx' 파일을 선택하고 [열기]를 클릭합니다.

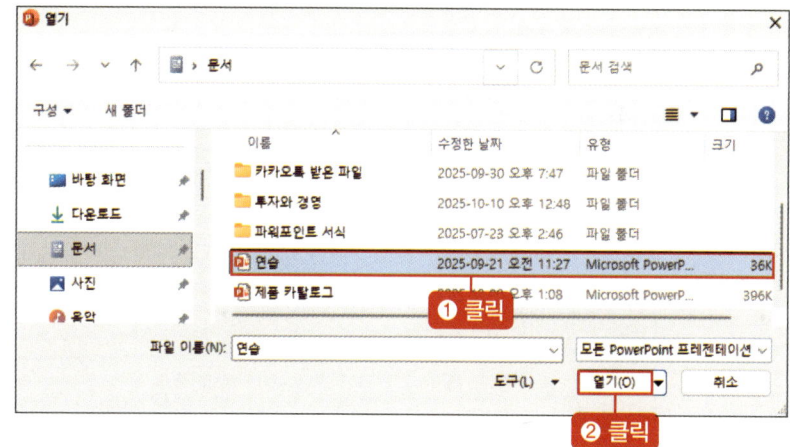

더 알아보기 | OneDrive에 저장된 파일 불러오기

OneDrive는 마이크로소프트에서 제공하는 클라우드 저장 공간으로, 인터넷이 연결된 환경에서는 어디서든 접근하여 문서를 공유할 수 있습니다. 단, Microsoft 계정에 로그인이 되어 있어야 합니다. OneDrive에 저장된 파일을 열기 위해 [파일] 탭-[열기]-[OneDrive]를 클릭하면 OneDrive에 저장된 폴더와 파일 목록이 표시됩니다. 불러올 파일을 클릭하거나 검색창에 파일명을 직접 입력하여 찾을 수도 있습니다. 파일을 수정하면 자동으로 OneDrive에 저장됩니다.

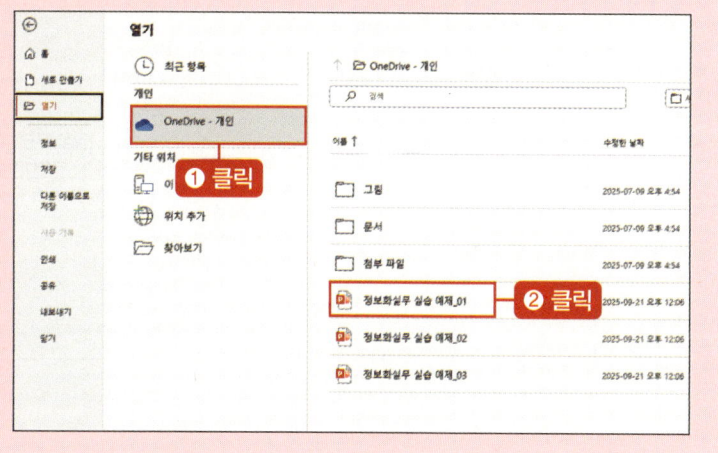

셀프 테스트

1 새 프레젠테이션을 실행하여 다음과 같이 제목 슬라이드를 작성해 보세요.

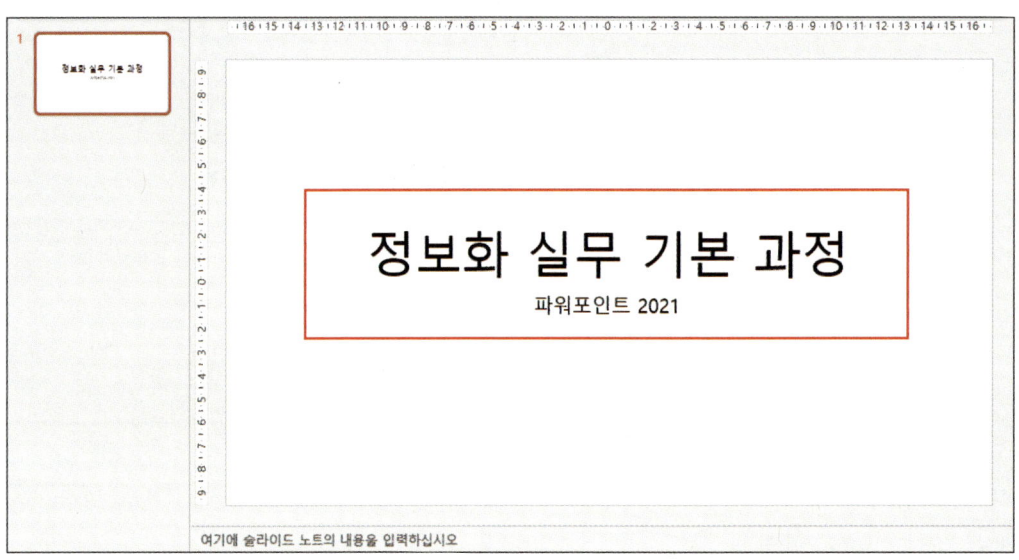

2 1번 문제에서 작성한 문서를 '정보화 실무 기본 과정.pptx'로 저장해 보세요.

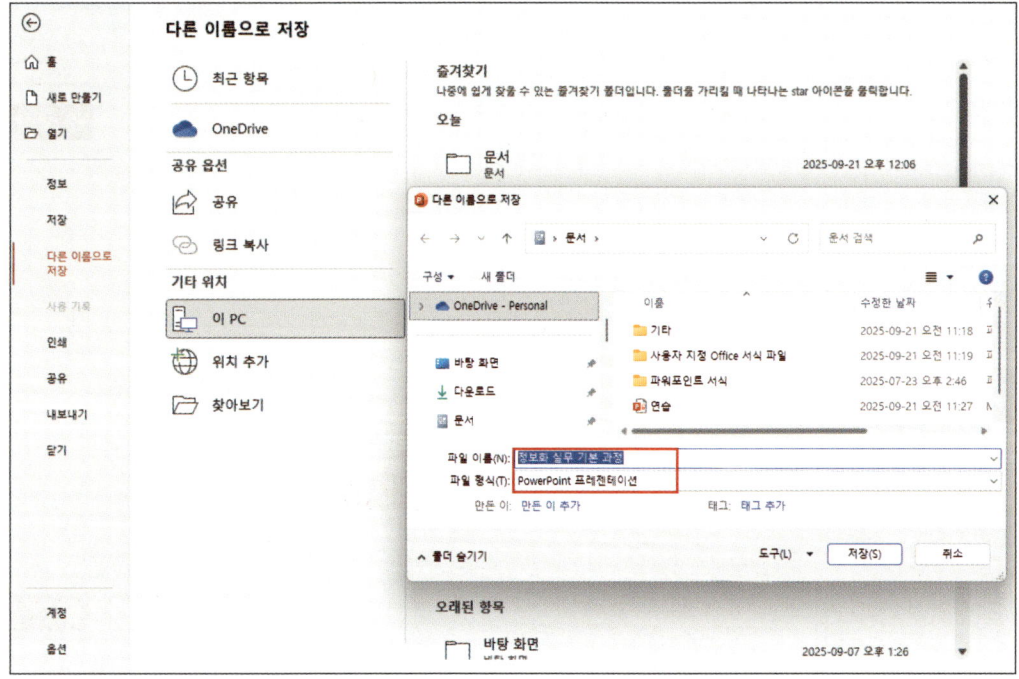

❸ 1번 문제에서 작성한 슬라이드 화면을 150%로 확대해 보세요.

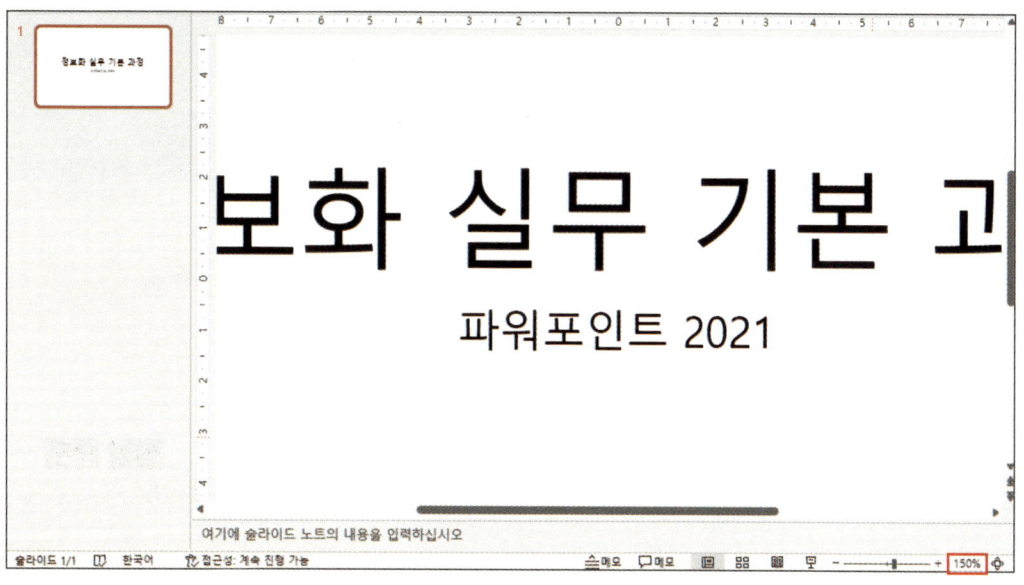

❹ 예제 폴더에 있는 '불러오기 실습.pptx' 파일을 열어 보세요.

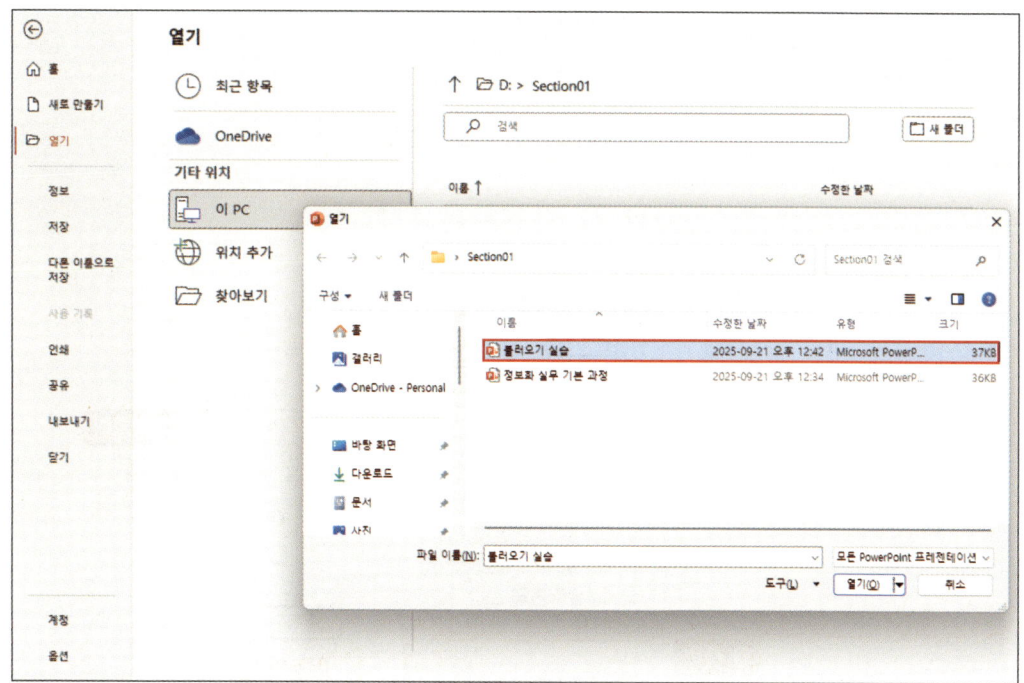

PowerPoint 2021

02 슬라이드 기본 관리
SECTION

목적에 따라 슬라이드의 크기를 조정하고 레이아웃을 변경할 수 있습니다. 또한 문서를 작성하면서 슬라이드의 순서를 바꾸거나 복사/이동할 수 있고 불필요한 슬라이드를 삭제하여 관리할 수 있습니다.

1 슬라이드 크기 조정 및 레이아웃 변경

1 파워포인트 2021의 기본 슬라이드 크기는 [와이드스크린(16:9)]이지만 사용자가 원하는 대로 변경이 가능합니다. [디자인] 탭-[사용자 지정] 그룹-[슬라이드 크기]를 클릭한 후 [사용자 지정 슬라이드 크기]를 선택합니다.

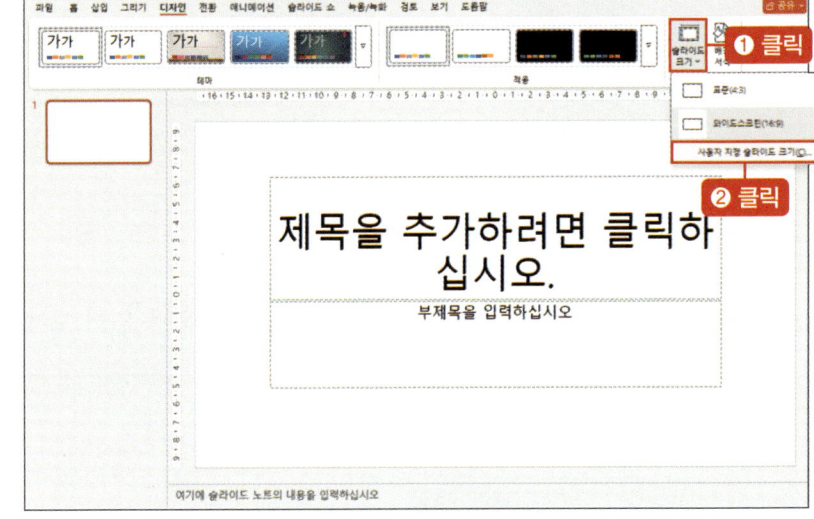

2 [슬라이드 크기] 대화상자가 열리면 [슬라이드 크기: 배너], [방향: 슬라이드-가로]를 선택하고 [확인]을 클릭합니다.

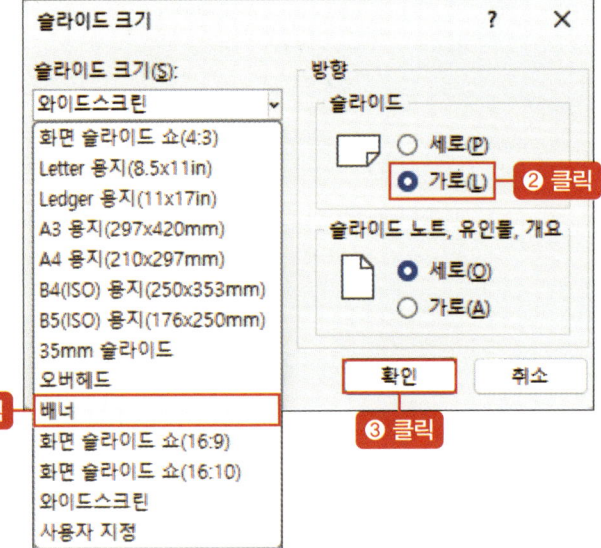

③ 콘텐츠의 크기 맞춤을 선택하는 대화상자가 열리면 [맞춤 확인]을 클릭합니다.

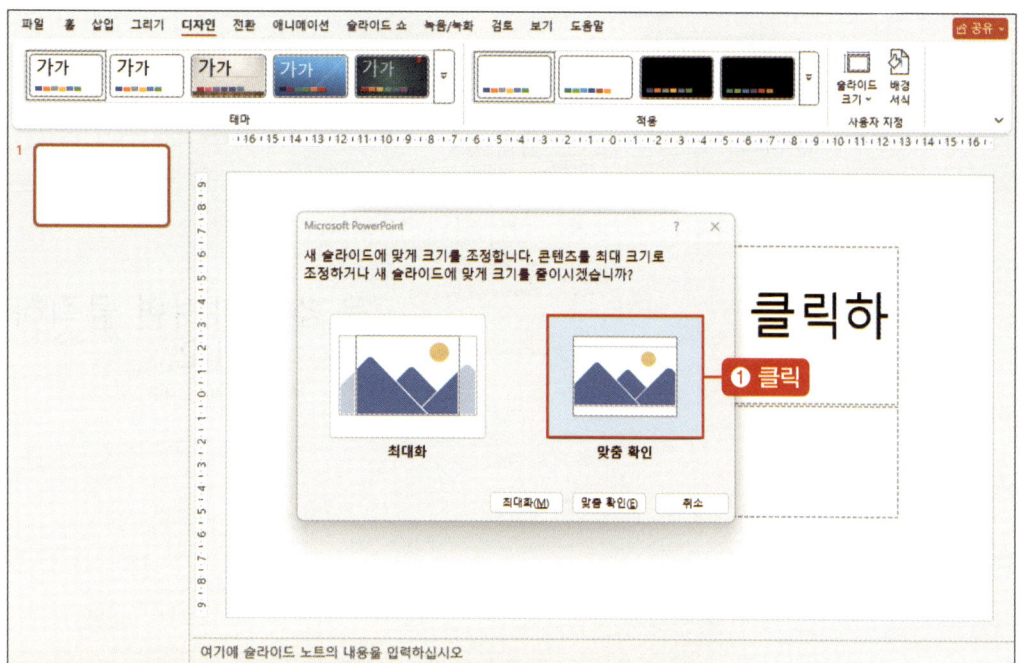

TIP **최대화** 변경된 슬라이드의 공간을 최대한 활용하므로 개체가 잘릴 수 있습니다.
맞춤 확인 변경된 슬라이드의 크기에 맞춰 개체의 크기도 변경됩니다.

④ 배너 크기에 맞게 슬라이드가 변경되었습니다. 레이아웃을 변경하기 위해 [홈] 탭-[슬라이드] 그룹-[슬라이드 레이아웃]에서 [빈 화면]을 클릭합니다.

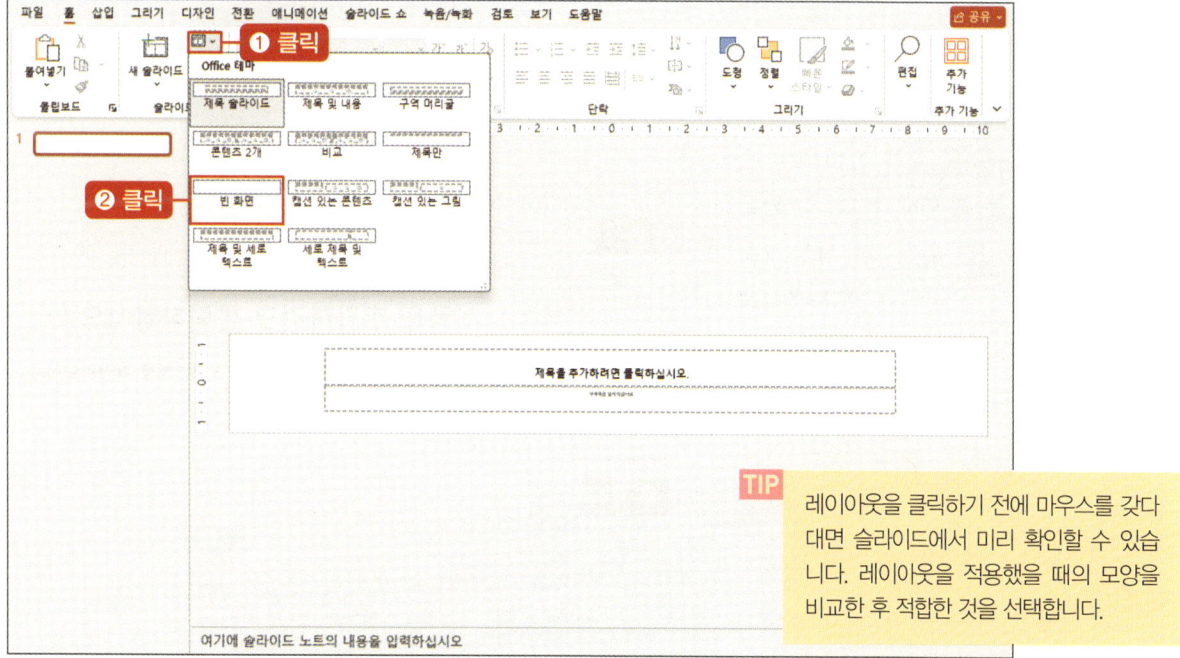

TIP 레이아웃을 클릭하기 전에 마우스를 갖다 대면 슬라이드에서 미리 확인할 수 있습니다. 레이아웃을 적용했을 때의 모양을 비교한 후 적합한 것을 선택합니다.

2 슬라이드 삽입/이동/복사/삭제하기

1 **삽입하기** 새 프레젠테이션에서 [홈] 탭-[슬라이드] 그룹-[새 슬라이드] 목록(새 슬라이드)을 클릭한 후 [제목 및 내용]을 선택합니다.

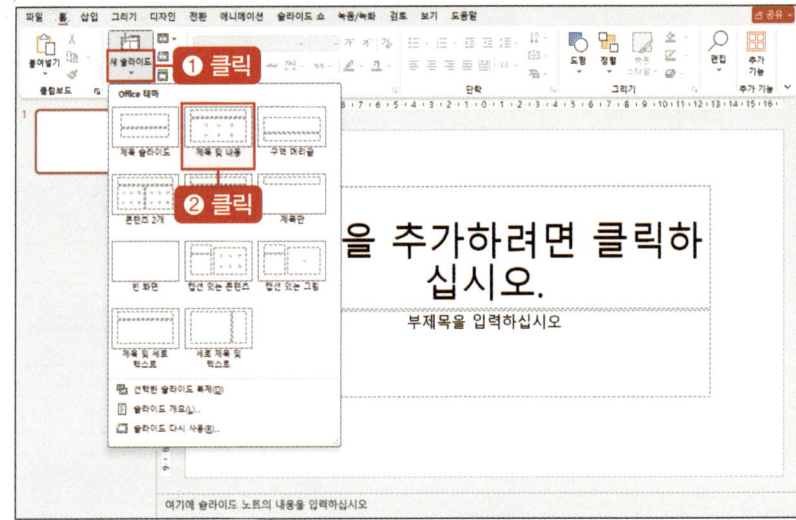

> **TIP** 1번 슬라이드를 선택한 상태에서 Enter 또는 Ctrl + M 키를 눌러도 새 슬라이드가 삽입됩니다.

2 [제목 및 내용] 슬라이드가 삽입됩니다. 같은 방식으로 [콘텐츠 2개]를 선택하여 3번 슬라이드를 삽입합니다.

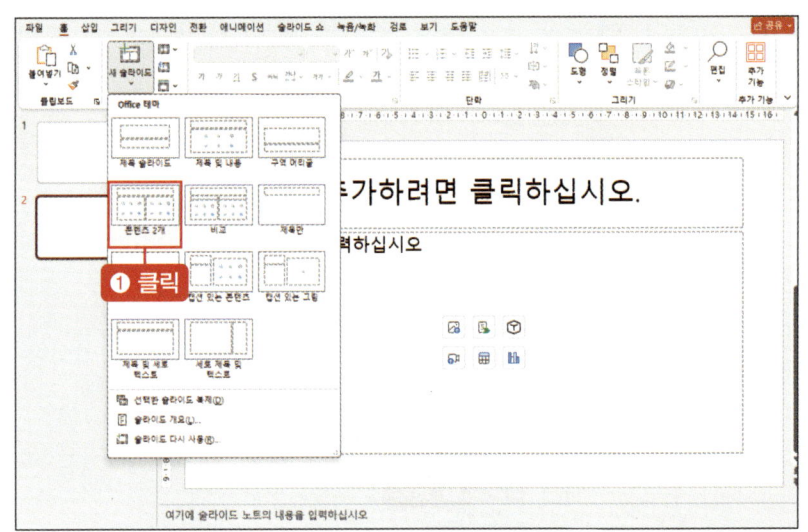

3 **복사하여 붙여넣기** 이번에는 슬라이드를 복사해 봅니다. 왼쪽의 슬라이드 축소 창에서 3번 슬라이드를 선택하고 [홈] 탭-[클립보드] 그룹-[복사()]를 클릭합니다.

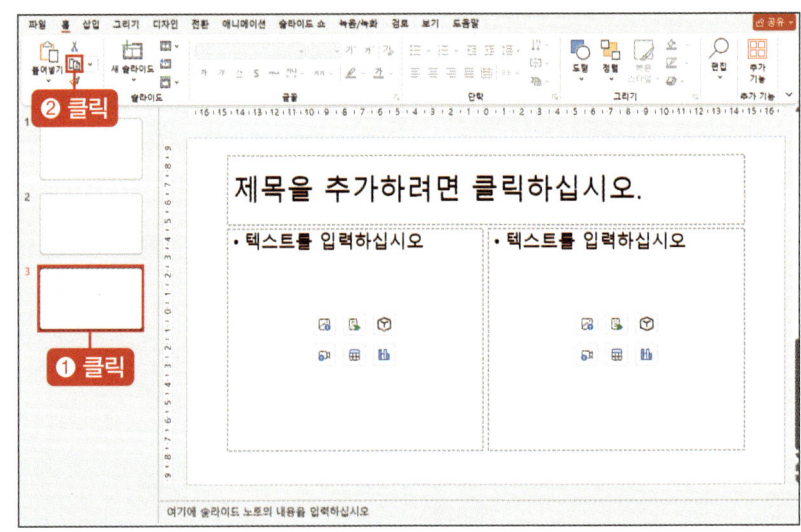

> **TIP** [복사] 단축키 Ctrl + C

④ 이어서 [홈] 탭-[클립보드] 그룹-[붙여넣기(📋)]를 클릭하여 복사한 슬라이드를 붙여넣습니다.

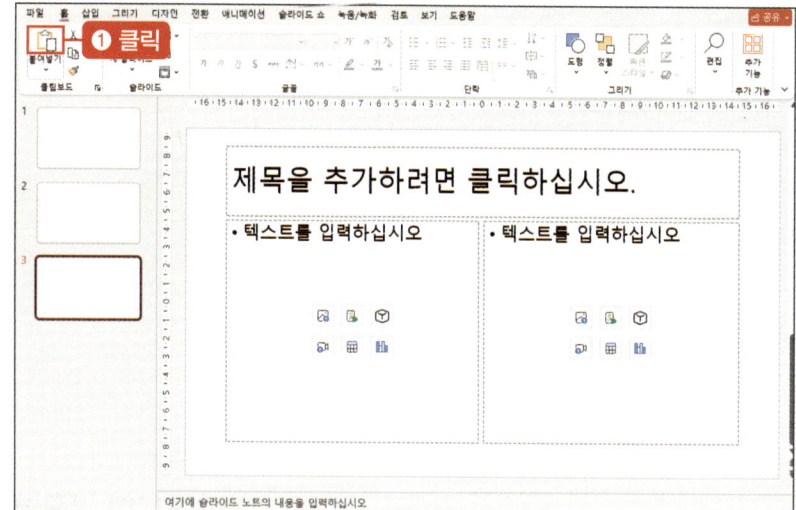

TIP [붙여넣기] 단축키 Ctrl + V

⑤ 이동하기 2번 슬라이드를 3번과 4번 슬라이드 사이로 이동해 봅니다. 2번 슬라이드를 선택한 채로 드래그한 후 3번과 4번 슬라이드 사이에서 드롭합니다.

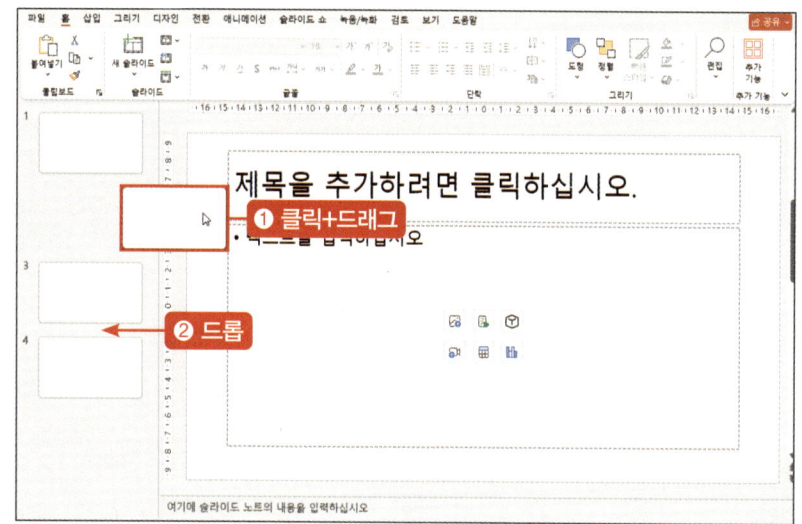

⑥ 삭제하기 슬라이드 축소 창에서 4번 슬라이드를 선택한 후 마우스 오른쪽 버튼을 눌러 빠른 메뉴에서 [슬라이드 삭제]를 클릭합니다.

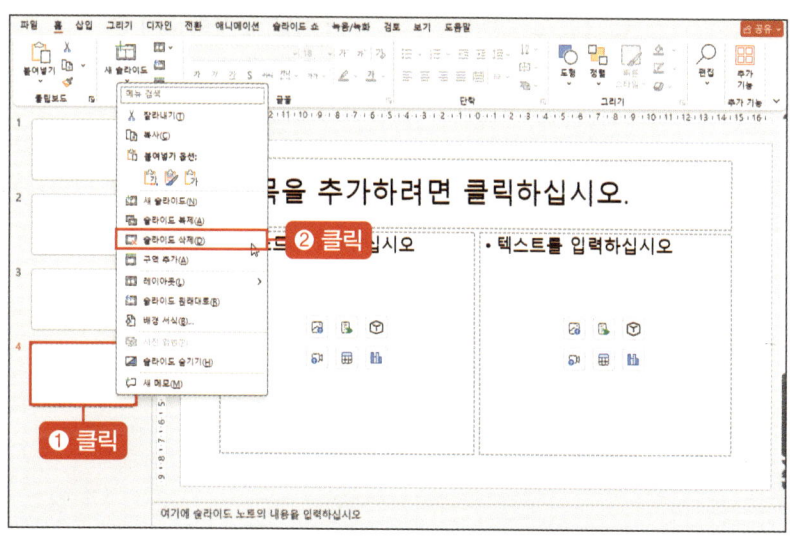

TIP 슬라이드를 선택한 후 Delete 키를 눌러도 삭제됩니다.

02 슬라이드 기본 관리 • 15

셀프 테스트

1 새 프레젠테이션을 실행하여 제목을 다음과 같이 입력하고 슬라이드 크기를 'A4 용지-가로 방향'으로 변경해 보세요.

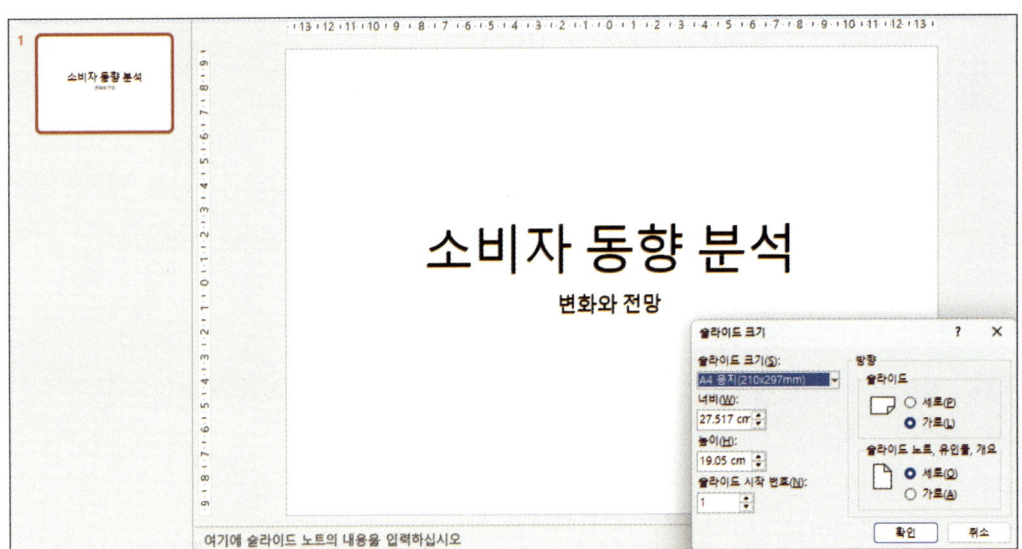

2 1번 문제에 이어서 [제목과 내용] 슬라이드를 삽입하고 다음과 같이 작성해 보세요.

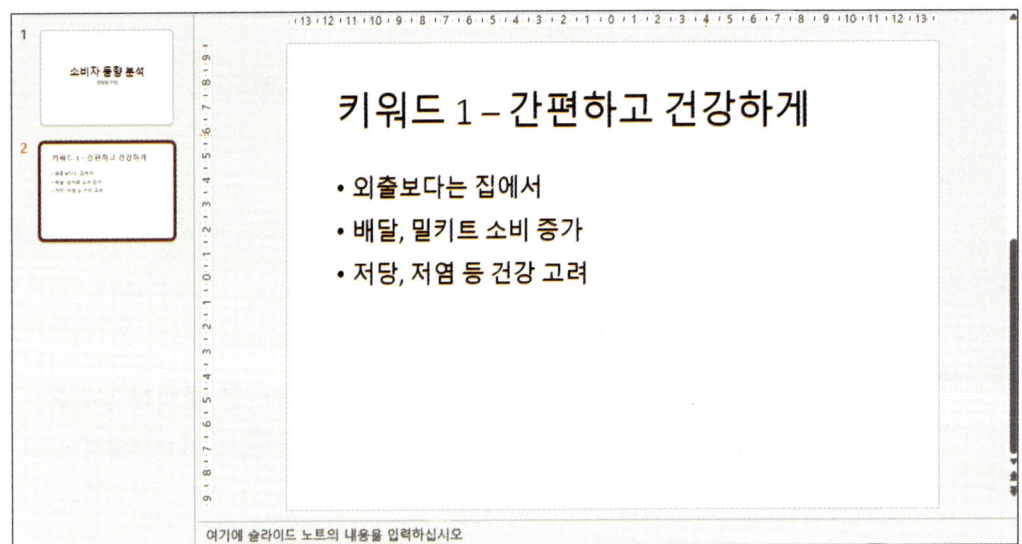

❸ '공기정화 식물.pptx' 파일을 열어서 4번 슬라이드를 복사하여 붙여넣은 후 다음과 같이 수정해 보세요.

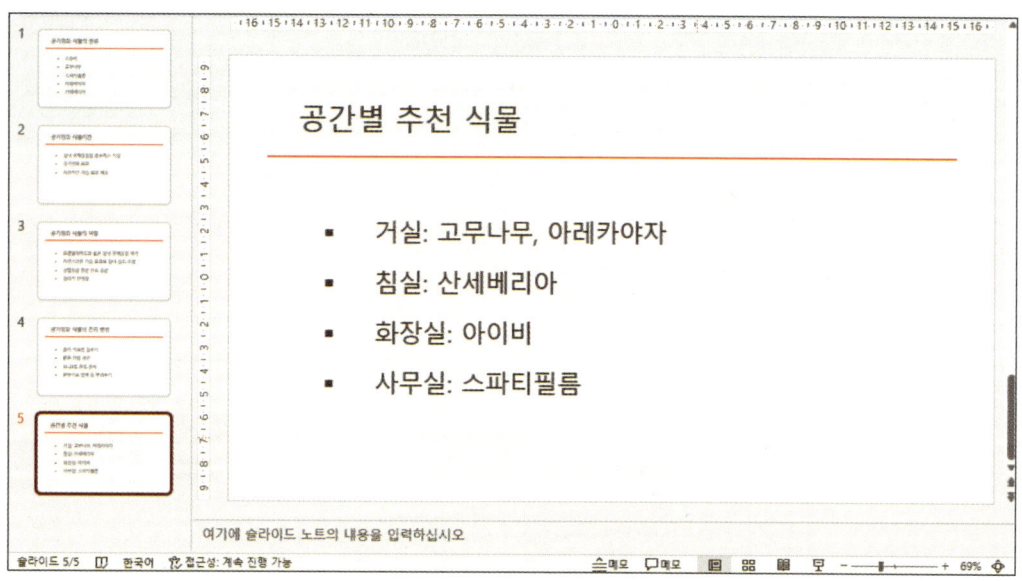

❹ 3번 문제에 이어서 1번 슬라이드를 2번과 3번 슬라이드 사이로 이동해 보세요.

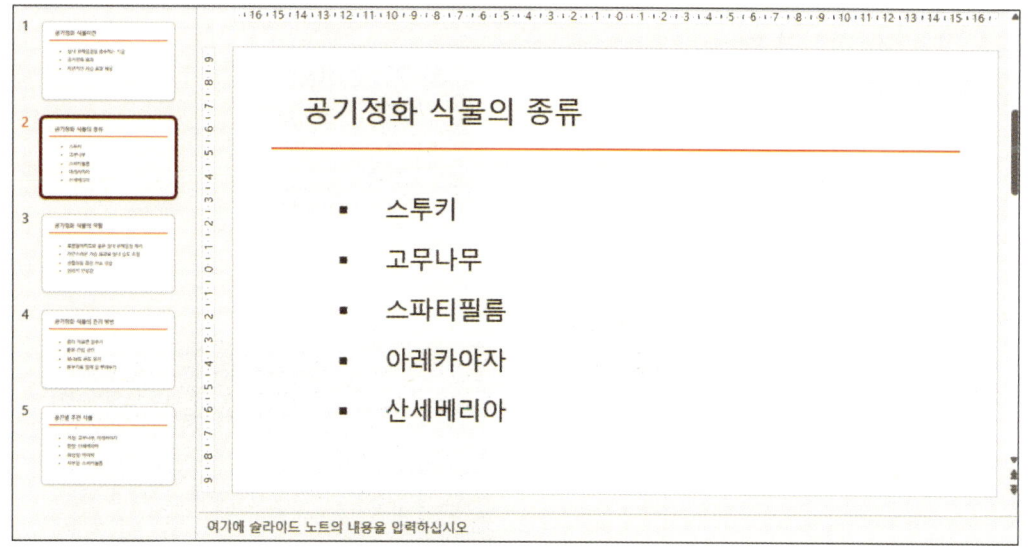

PowerPoint 2021

03 슬라이드 테마와 배경 설정
SECTION

슬라이드 테마는 색상 구성, 레이아웃 등이 미리 설정되어 있어 전체 슬라이드의 스타일을 통일할 수 있습니다. 배경 설정은 사용자가 슬라이드의 배경을 단색, 그라데이션, 이미지 등으로 채워 디자인하는 방법입니다.

1 테마를 선택하여 새 프레젠테이션 시작하기

1 [파일] 탭-[새로 만들기]를 클릭한 후 [Office] 탭에서 [메디슨]을 선택합니다.

2 [메디슨] 테마가 열리면 [만들기]를 클릭합니다.

3 새 프레젠테이션에 테마가 적용됩니다. 추가되는 모든 슬라이드에 자동으로 동일한 테마가 적용됩니다.

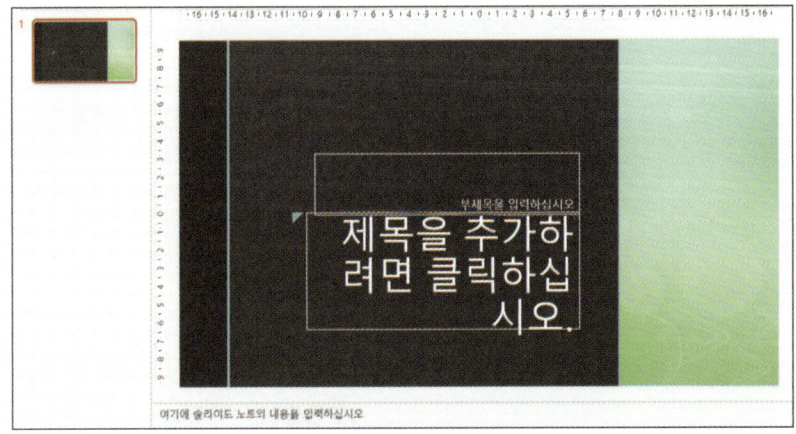

2 테마 변경하기

① 작성된 문서의 테마를 변경하기 위해 '고객응대 표준 매뉴얼.pptx' 파일을 엽니다. [디자인] 탭-[테마] 그룹-[테마] 목록(▼)을 클릭한 후 [이온(회의실)]을 선택합니다.

② 전체 슬라이드의 글꼴을 변경하기 위해 [디자인] 탭-[적용] 그룹-[적용] 목록(▼)을 클릭한 후 [글꼴]-[굴림]을 선택합니다.

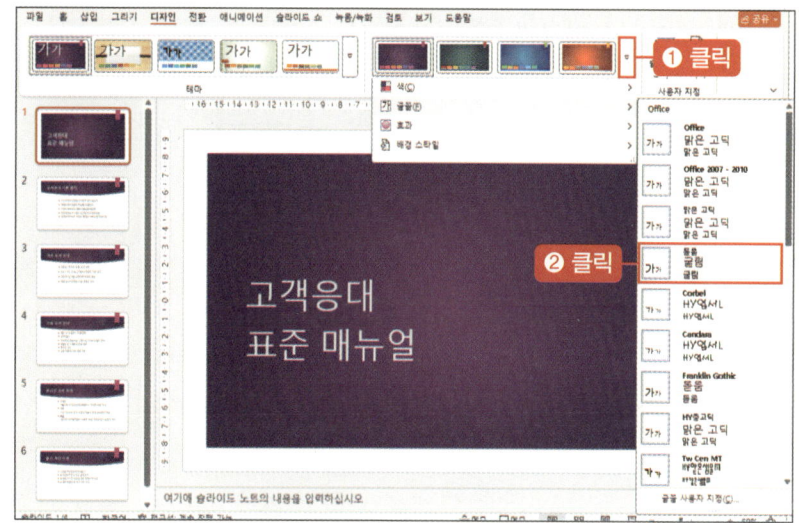

③ 원하는 슬라이드의 테마만 변경할 수 있습니다. 제목 슬라이드를 선택하고 [디자인] 탭-[테마] 그룹-[테마] 목록(▼)을 클릭합니다. [심플 테마]에서 마우스 오른쪽 버튼을 클릭한 후 [선택한 슬라이드에 적용]을 선택하면 제목 슬라이드의 테마만 변경됩니다.

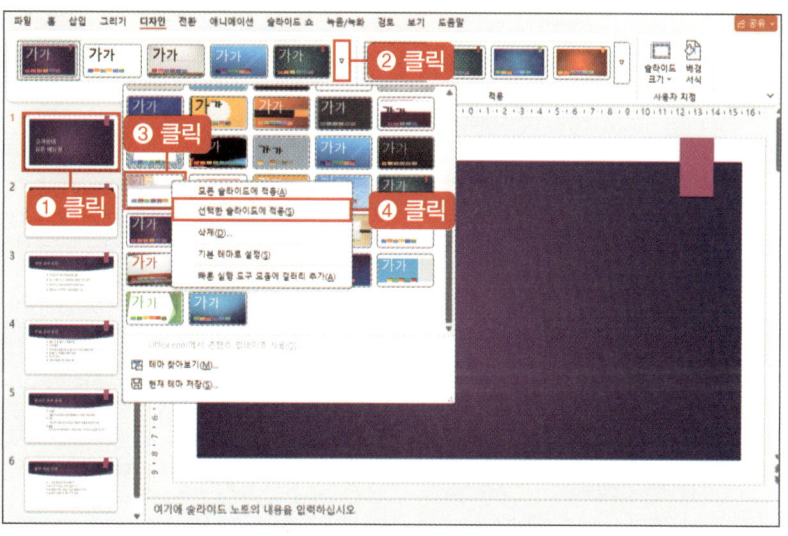

3 배경 설정하기

① 슬라이드의 배경을 이미지나 패턴 등으로 채울 수 있습니다. [디자인] 탭-[사용자 지정] 그룹-[배경 서식]을 클릭하면 오른쪽에 작업 창이 나타납니다.

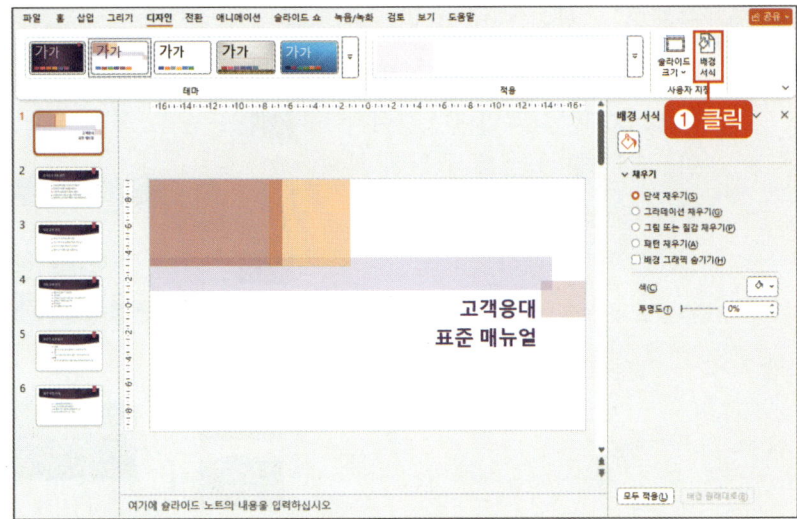

② 그림을 삽입하기 위해 [배경 서식] 작업 창의 [그림 또는 질감 채우기]를 체크하고 [그림 원본]-[삽입]을 클릭합니다.

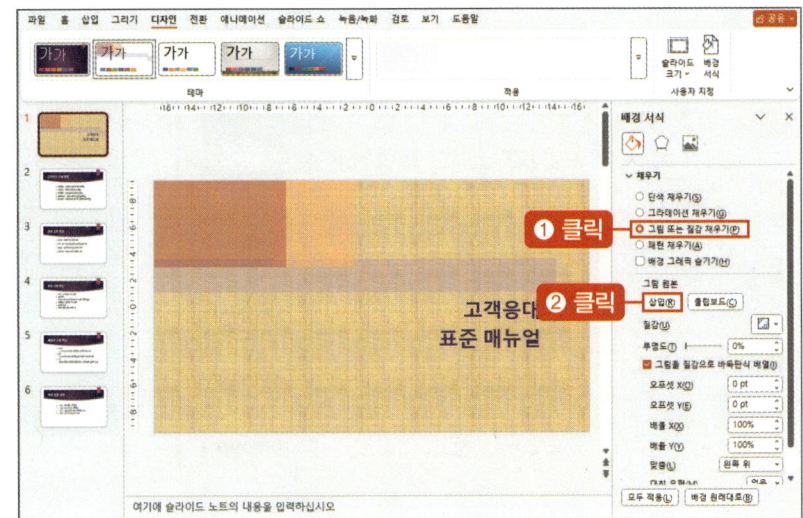

③ [그림 삽입] 대화상자가 열리면 [파일에서]를 클릭합니다.

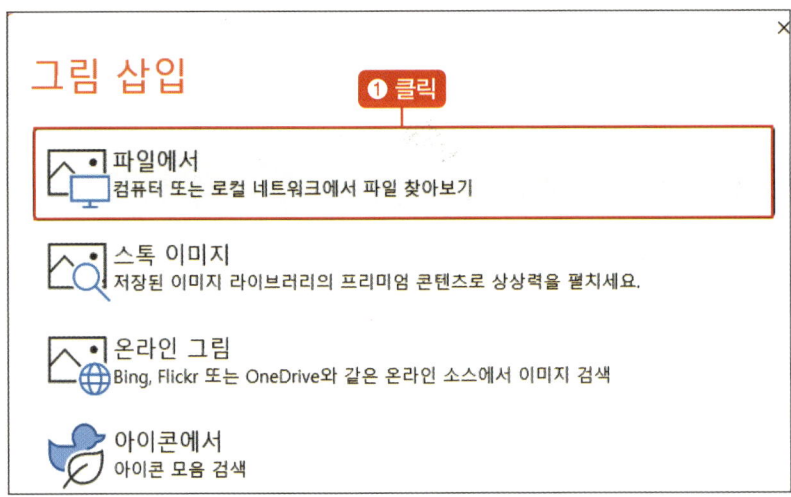

TIP 스톡 이미지, 온라인 그림, 아이콘 등 다양한 이미지를 검색하여 삽입할 수 있습니다.

④ [그림 삽입] 대화상자에서 '고객응대 배경.jpg'를 선택하고 [삽입]을 클릭합니다.

⑤ 선택한 이미지가 배경으로 삽입됩니다.

⑥ 테마와 이미지가 겹쳐서 보이므로, 이미지만 배경으로 사용하기 위해서 테마의 기본 배경 요소는 숨깁니다. [배경 서식] 창에서 [배경 그래픽 숨기기]를 체크합니다.

셀프 테스트

1 '우주 테마'를 적용한 새 프레젠테이션을 실행한 후 다음과 같이 제목 슬라이드를 작성해 보세요.

2 1번 문제에 이어서 새 슬라이드를 추가하여 다음과 같이 내용을 입력한 후 글꼴을 변경해 보세요.

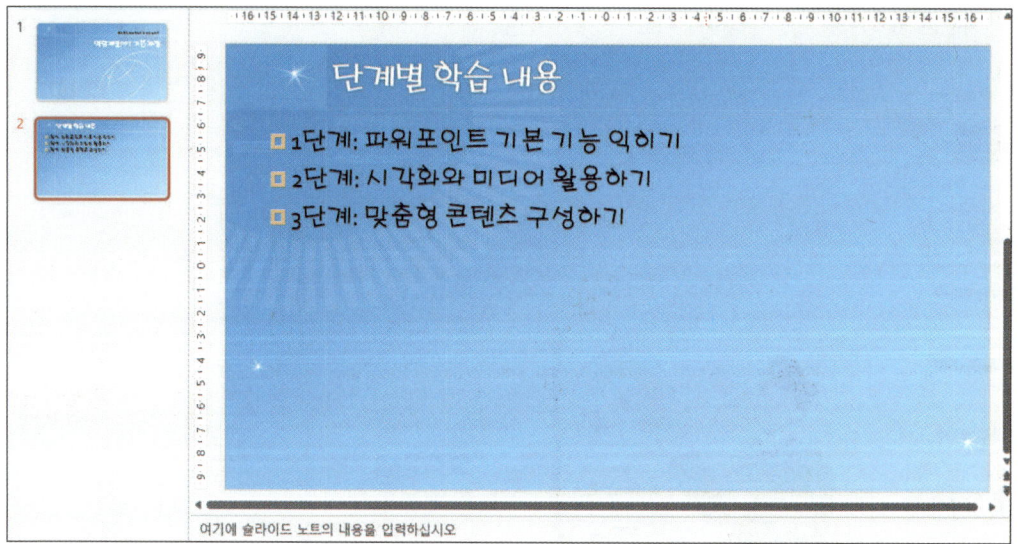

❸ 2번 문제에 이어서 디자인 테마를 '줄무늬'로 변경하고 색을 적용해 보세요.

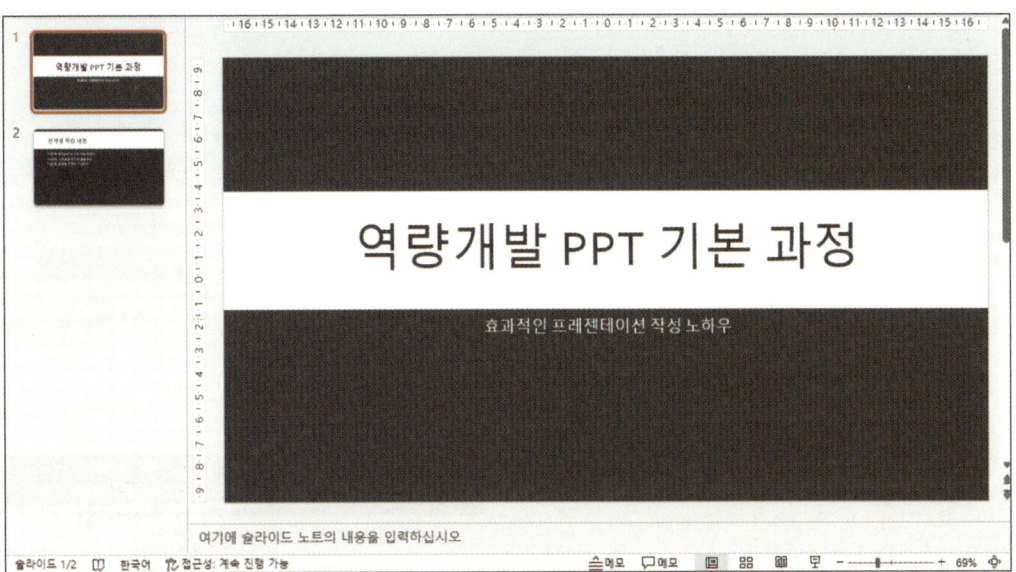

❹ 3번 문제에 이어서 2번 슬라이드의 배경을 패턴으로 채워 보세요.

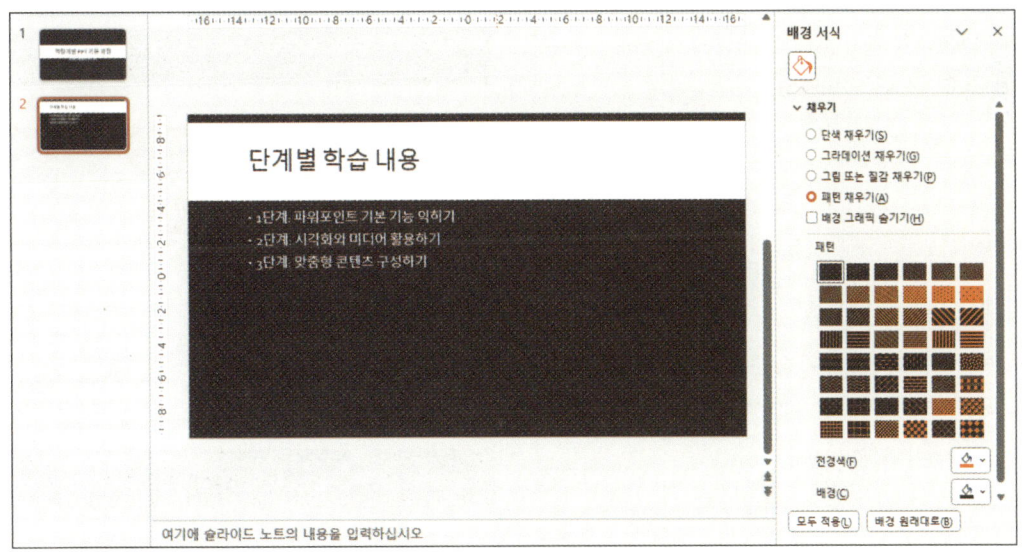

전경색 주황
배경 진한 회색

PowerPoint 2021

04 텍스트 입력과 서식
SECTION

도형과 텍스트 상자를 활용하여 텍스트를 입력하는 방법과 글꼴, 크기, 색상 등의 서식을 설정하는 방법을 익혀 봅니다. 아울러 키보드에서 직접 입력할 수 없는 특수문자와 한자를 입력하는 방법도 알아봅니다.

1 텍스트 입력하기

1 '회원 등급 안내.pptx' 파일을 엽니다. 직사각형을 클릭하여 '가입 기간별 회원 등급 안내'라고 입력합니다. 도형을 선택한 상태에서 키보드 입력을 시작하면 도형 안에 텍스트가 바로 삽입됩니다.

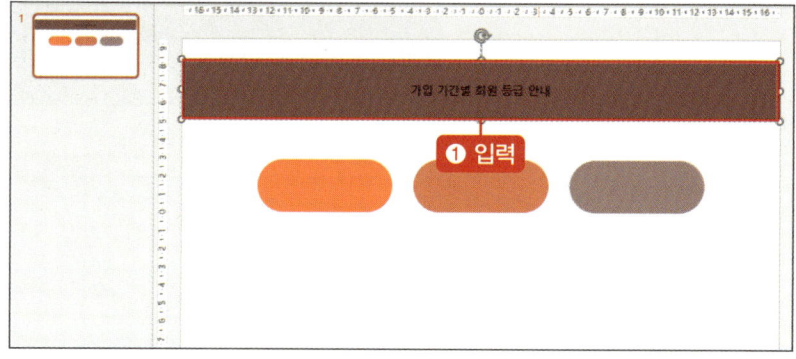

2 같은 방법으로 둥근 사각형에 각각 '특별 회원', '우수 회원', '일반 회원'을 입력합니다.

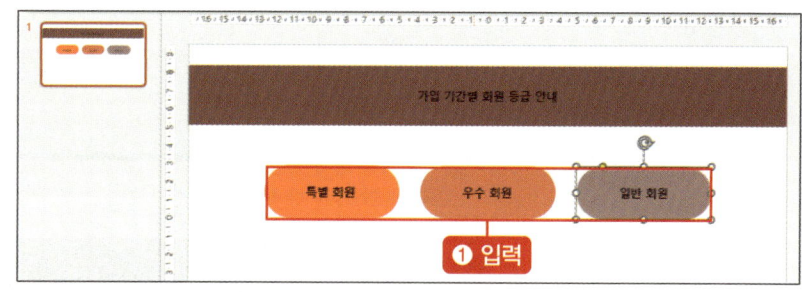

3 이번에는 텍스트 상자를 활용하기 위해 [삽입] 탭-[텍스트] 그룹-[텍스트 상자]-[가로 텍스트 상자 그리기]를 선택합니다. 첫 번째 둥근 사각형 아래를 클릭하여 '10년 이상'을 입력한 후 텍스트 상자의 오른쪽 경계선을 드래그하여 둥근 사각형과 수직선을 맞춥니다.

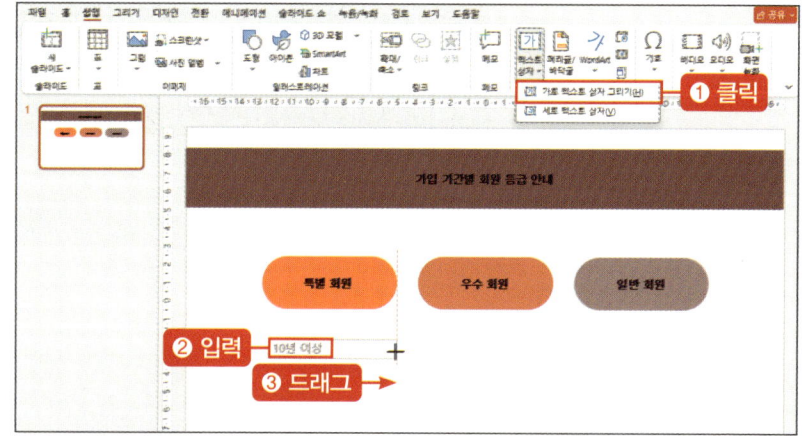

2 텍스트 서식 설정하기

1 제목이 입력된 직사각형을 선택한 후 [홈] 탭-[글꼴] 그룹에서 [돋움, 36pt, 굵게, 흰색]으로 설정합니다. 같은 방법으로 둥근 사각형의 글꼴 서식을 [돋움, 24pt, 굵게, 흰색]으로 설정합니다.

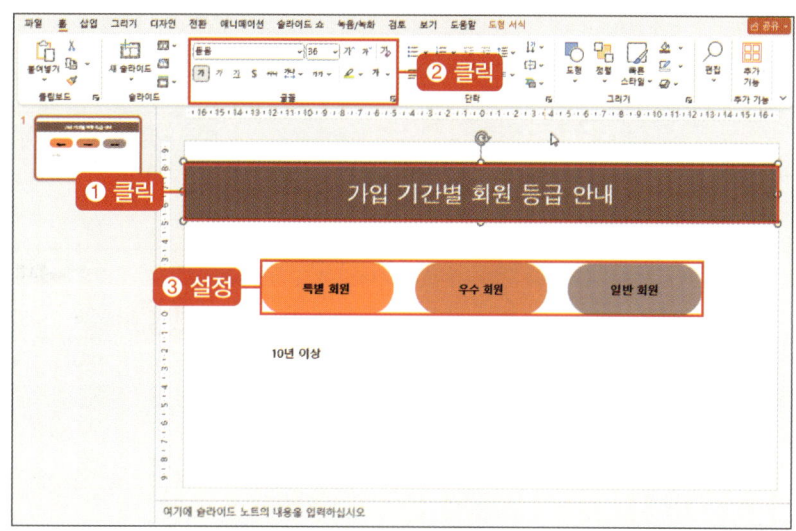

2 '10년 이상' 텍스트 상자를 선택하여 [홈] 탭-[글꼴] 그룹-[돋움, 20pt]로 설정하고 [단락] 그룹에서 [가운데 맞춤]을 클릭합니다.

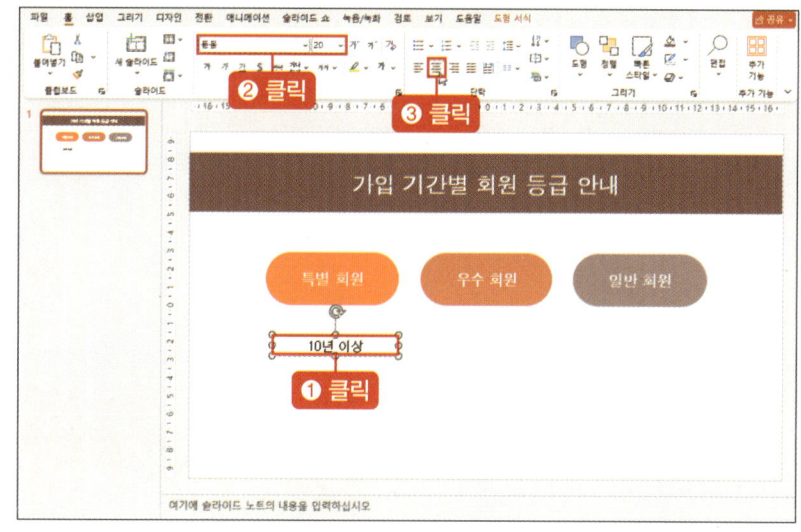

3 '10년 이상' 텍스트 상자를 선택하고 Ctrl + Shift 키를 누른 상태에서 오른쪽으로 드래그하여 수평 복사합니다. 한 번 더 반복하여 텍스트 상자 세 개를 만들고 다음과 같이 내용을 수정합니다.

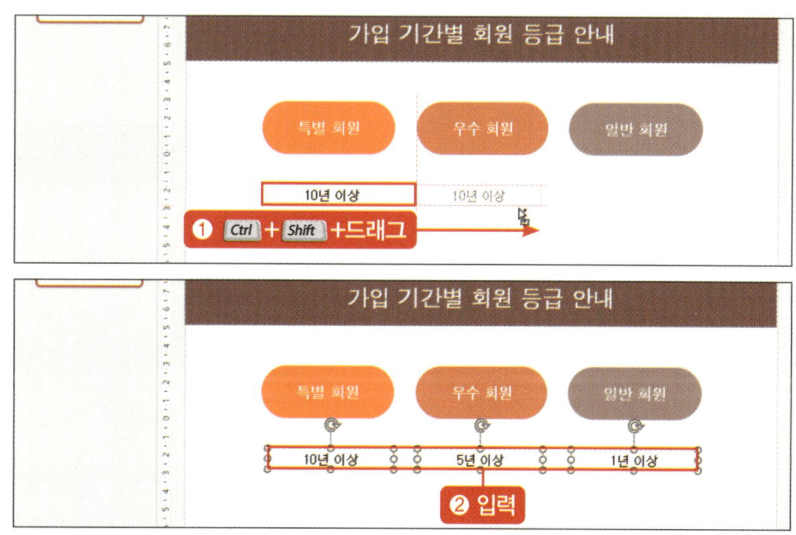

더 알아보기 | 특수문자 입력하기

특수문자를 입력할 위치에 커서를 놓고 [삽입] 탭-[기호] 그룹-[기호]를 클릭합니다. [기호] 대화상자가 나타나면 '◇'를 선택한 후 [삽입]을 클릭합니다.

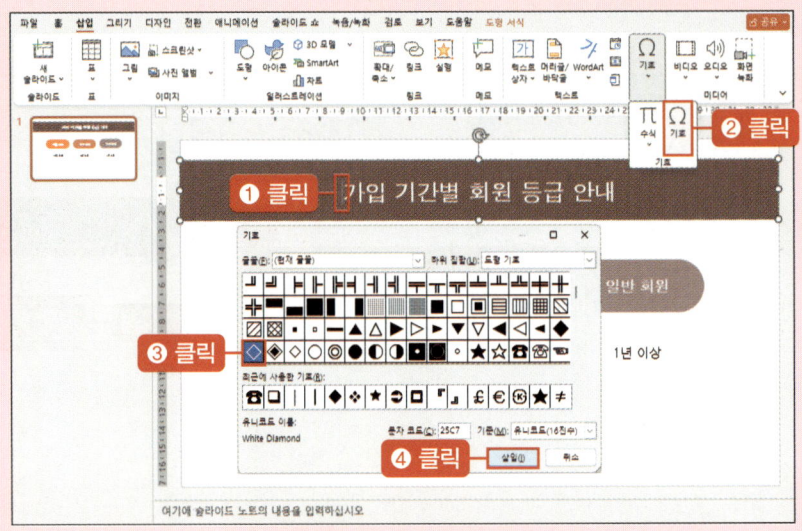

TIP 한글 자음과 [한자] 키를 조합하여 특수문자를 삽입할 수 있습니다. 예를 들어 'ㅁ'을 입력하고 [한자] 키를 누른 후 목록에서 원하는 특수문자를 선택합니다.

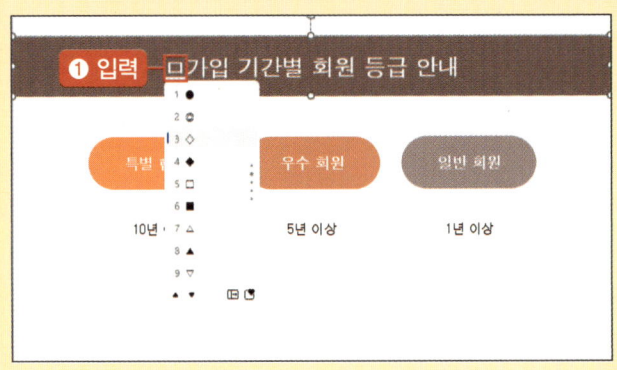

한글/한자 변환하기

한글을 한자로 변환하려면 단어 뒤에 커서를 놓고 [한자] 키를 누르거나 [검토] 탭-[언어] 그룹-[한글/한자 변환]을 클릭합니다. 예를 들어 '회원' 뒤에 커서를 놓고 [한자] 키를 누르면 추천 한자가 나타납니다. '會員'을 선택하면 한자로 변환됩니다. 한자를 한글로 변환하는 과정도 이와 동일합니다.

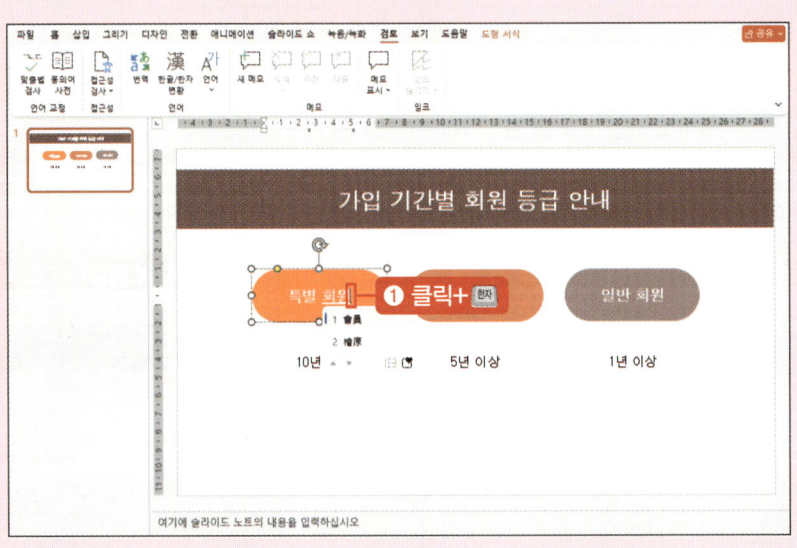

셀프 테스트

① '대화를 시작하기 좋은 주제.pptx' 파일을 열어서 다음과 같이 작성해 보세요.

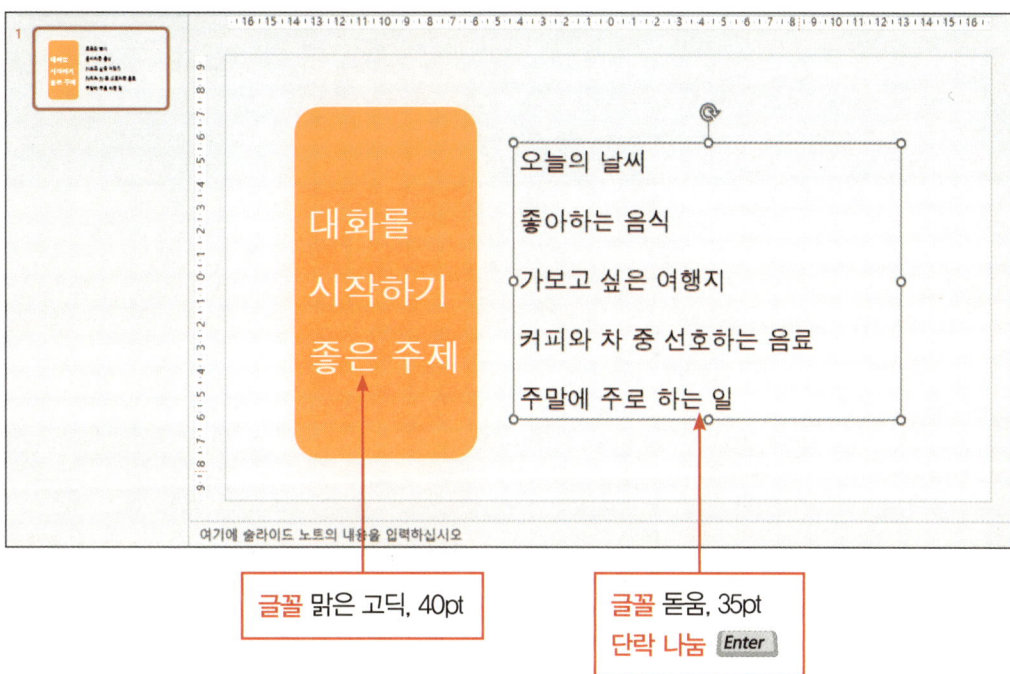

② 1번 문제에 이어서 다음과 같이 텍스트 서식을 변경하고 특수문자를 입력해 보세요.

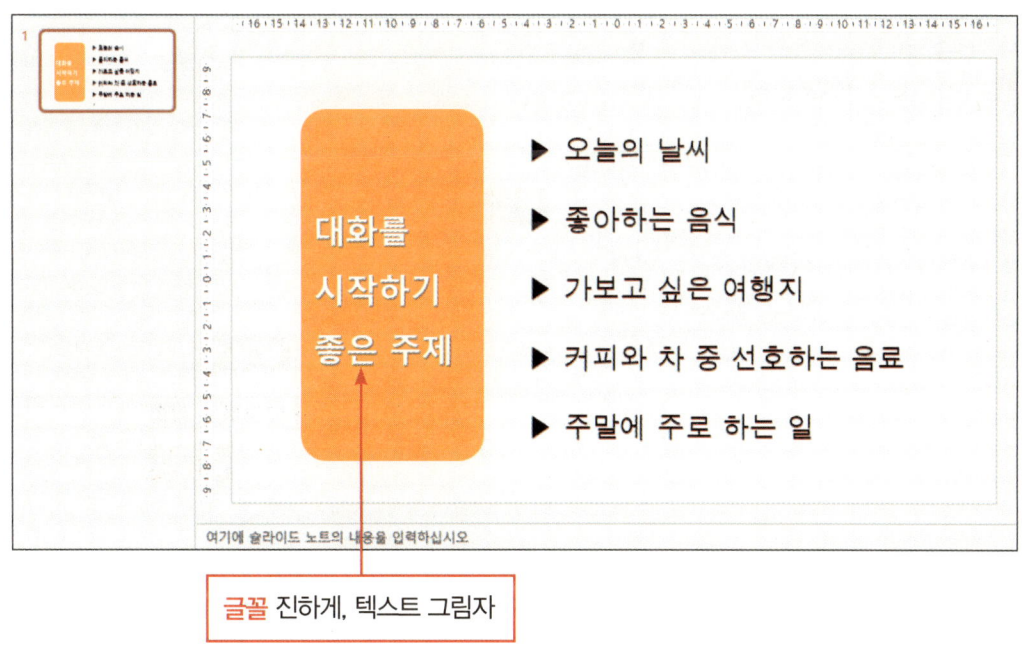

PowerPoint 2021

05 단락과 글머리 기호
SECTION

줄 간격이 너무 좁으면 텍스트가 답답해 보이고, 너무 넓으면 내용이 없어 보입니다. 이 섹션에서는 줄 간격을 조정하고 글 머리 기호를 삽입하여 단락을 정리하는 방법을 알아봅니다.

1 줄 간격 조정하기

① '온라인 정보 보호.pptx' 파일을 엽니다. 내용 텍스트 상자를 선택한 후 [홈] 탭-[단락] 그룹-[줄 간격(↕≡▼)]-[줄 간격 옵션]을 클릭합니다.

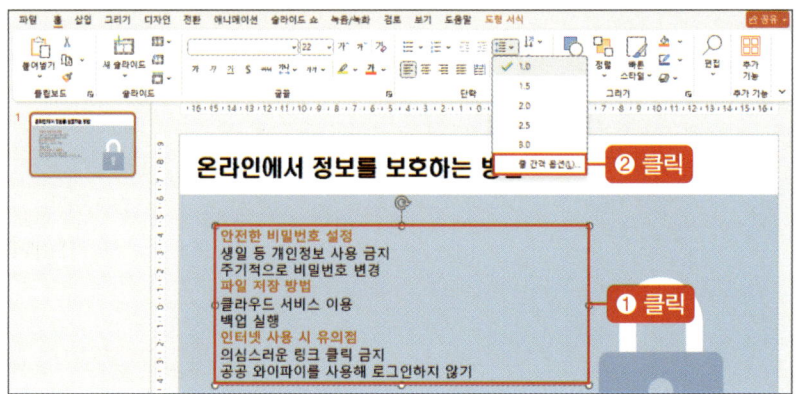

② [단락] 대화상자가 나타나면 [간격]에서 줄 간격을 '1.5줄'로 선택하고 [확인]을 클릭합니다.

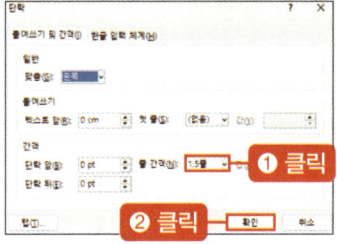

③ 제목 텍스트 상자를 선택한 다음 [홈] 탭-[단락] 그룹-[가운데 맞춤(≡)]을 클릭하여 중앙으로 정렬합니다.

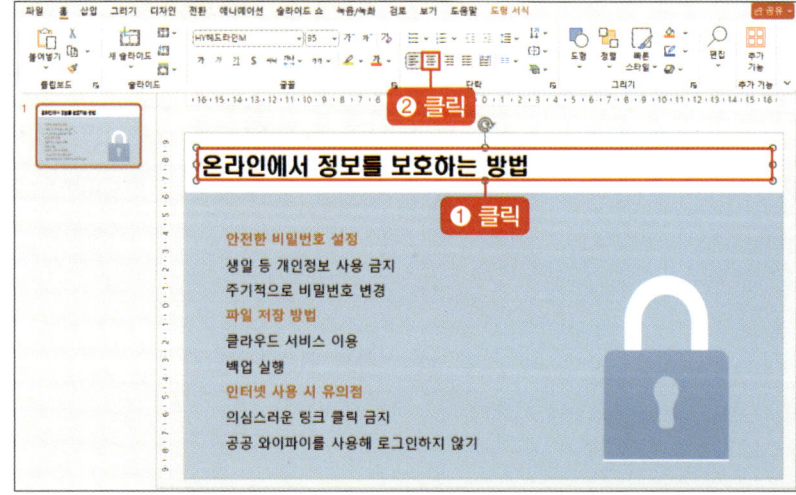

2 글머리 기호 삽입하기

1 글머리 기호를 삽입하기 위해 내용 텍스트 상자를 선택한 후 [홈] 탭-[단락] 그룹-[글머리 기호] 목록(⌄)을 클릭하여 [대조표 글머리 기호]를 선택합니다.

TIP [글머리 기호 및 번호 매기기]-[사용자 지정]-[기호] 대화상자에서 원하는 글머기 기호 모양을 선택하여 입력할 수 있습니다.

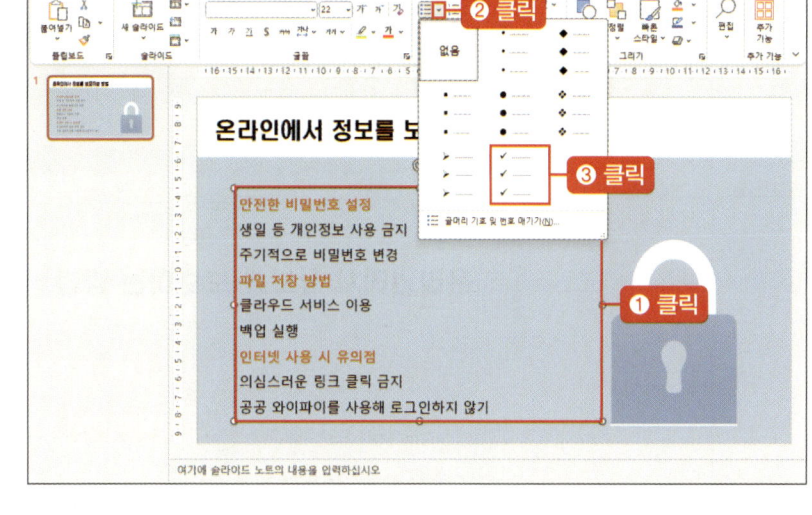

2 하위 목록의 글머리 기호를 번호로 변경하기 위해 그림과 같이 번호를 입력할 부분을 드래그하여 선택한 후 [홈] 탭-[단락] 그룹-[번호 매기기] 목록(⌄)을 클릭하여 [원 숫자]를 선택합니다.

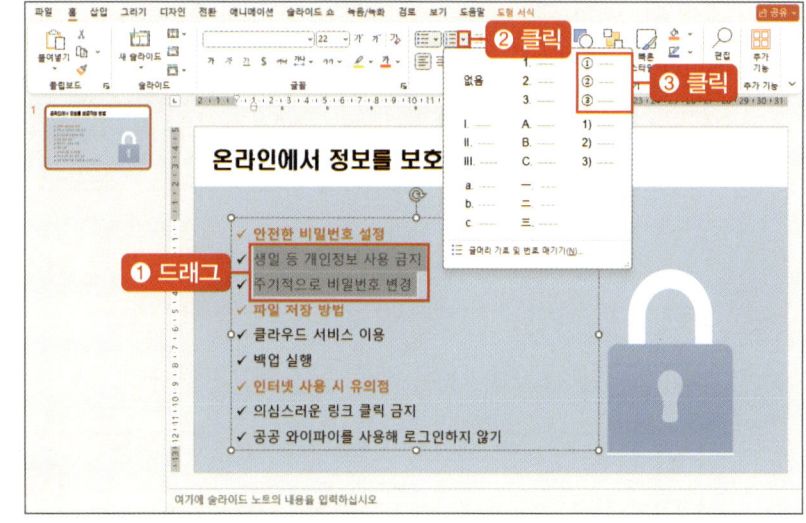

3 하위 목록에는 번호를 적용하기 위해 해당 부분을 드래그하여 선택한 후 F4 키를 누릅니다. 하위 목록에는 모두 번호를 삽입합니다.

TIP 파워포인트에서 F4 는 직전에 수행한 작업을 반복해서 실행하는 단축키입니다.

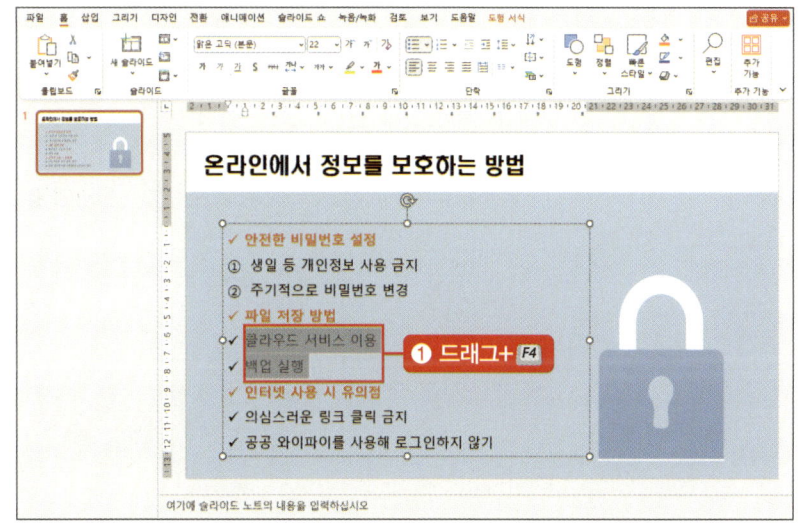

3 목록 수준 조정하기

1 목록의 수준에 따라 단락을 들여 쓰거나 내어 쓰면 항목을 구분하기가 쉽습니다. 하위 목록에 해당하는 단락을 선택합니다. `Ctrl` 키를 누른 상태에서 나머지 단락을 드래그하여 한꺼번에 선택합니다.

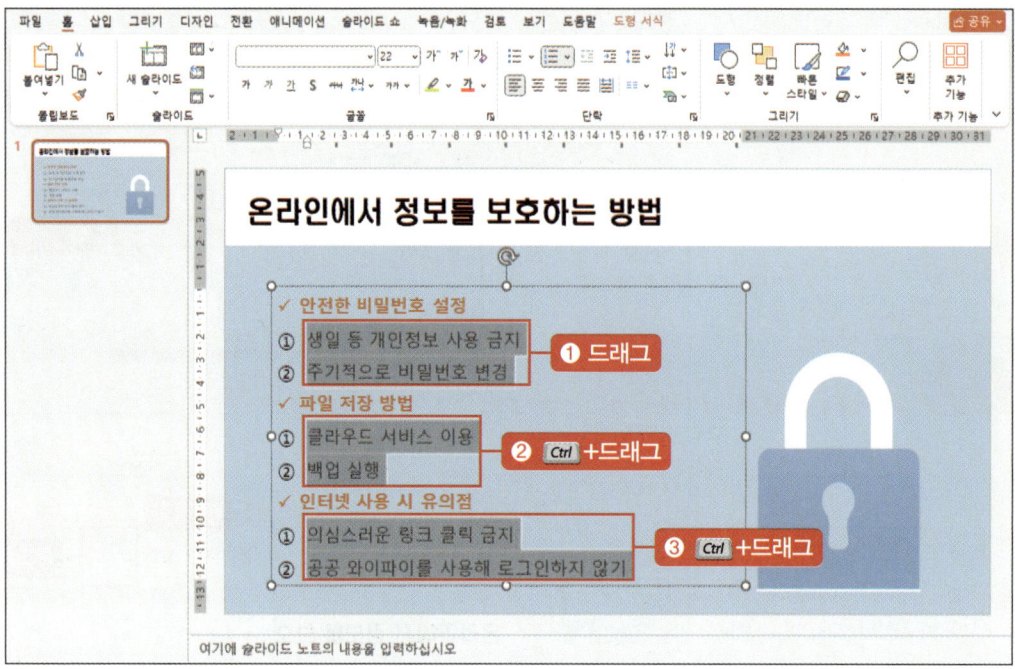

2 [홈] 탭-[단락] 그룹-[목록 수준 늘림(⇥)]을 클릭합니다. 들여 쓰기가 되면서 목록 구분이 쉬워집니다.

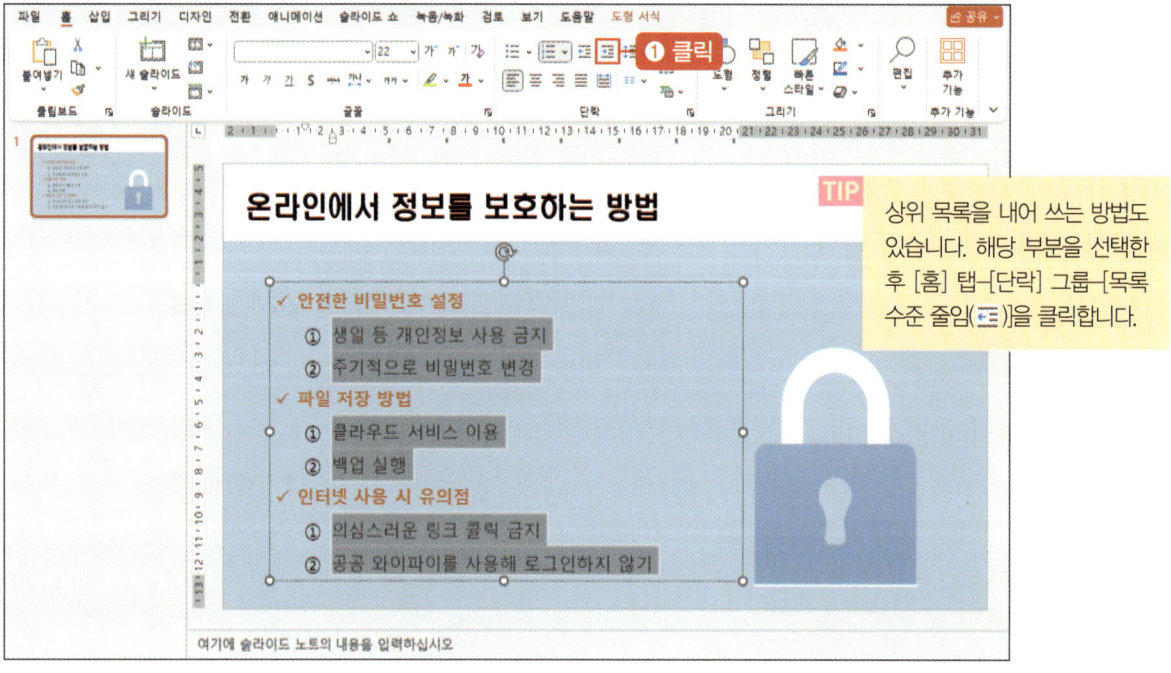

> **TIP** 상위 목록을 내어 쓰는 방법도 있습니다. 해당 부분을 선택한 후 [홈] 탭-[단락] 그룹-[목록 수준 줄임(⇤)]을 클릭합니다.

셀프 테스트

1 '미디어 리터러시.pptx' 파일을 열어서 다음과 같이 줄 간격을 조절하고 글머리 기호를 삽입해 보세요.

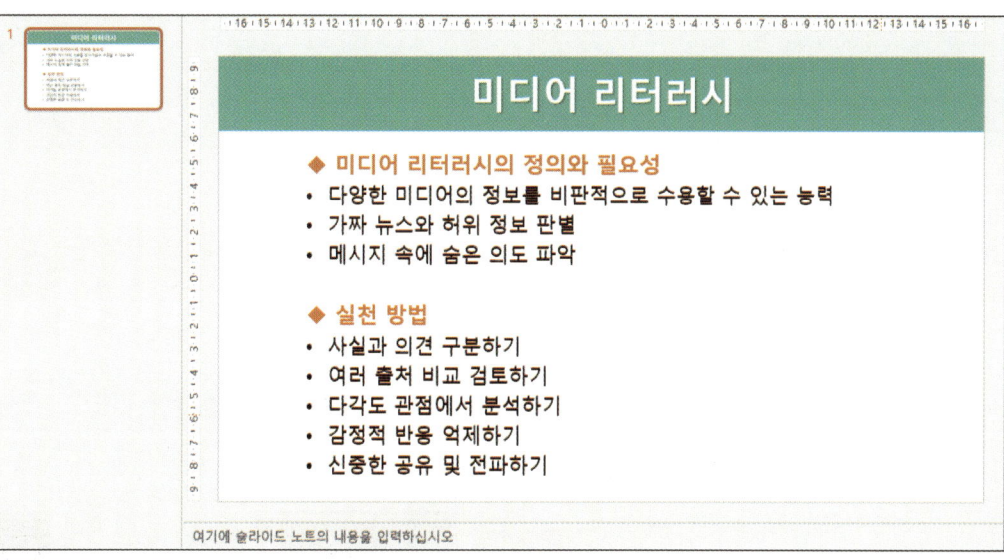

줄 간격 배수, 값: 1.2

2 1번 문제에 이어서 다음과 같이 글머리 기호와 목록 수준을 변경해 보세요.

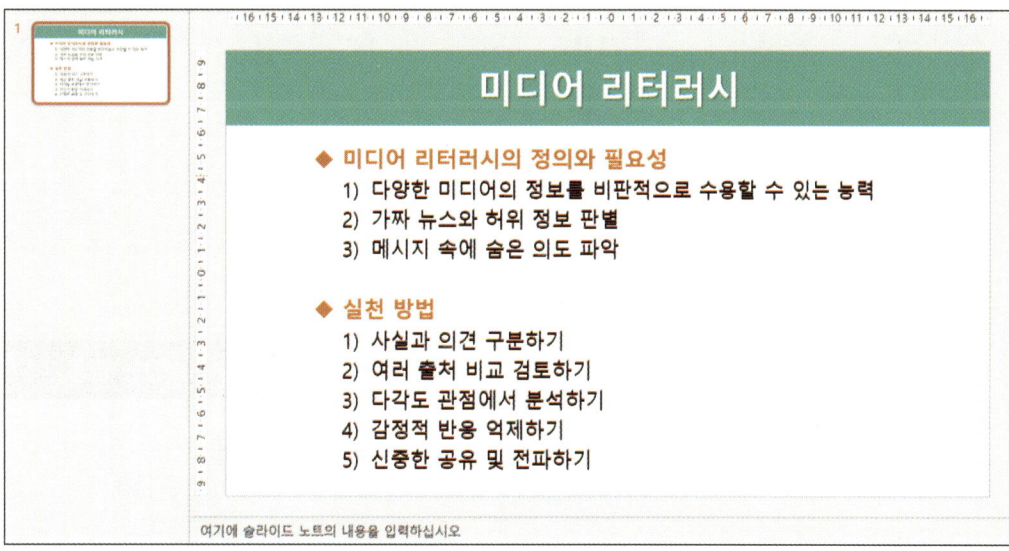

PowerPoint 2021

06 WordArt 스타일
SECTION

WordArt는 텍스트에 시각적 효과를 적용하여 돋보이게 만드는 기능입니다. 파워포인트에서는 일반 텍스트를 WordArt로 전환하거나 WordArt를 직접 삽입할 수 있습니다.

1 텍스트에 WordArt 적용하기

1 '광고가 만들어지는 과정.pptx' 파일을 엽니다. 제목 텍스트 상자를 선택하고 [도형 서식] 탭-[WordArt 스타일] 그룹-[빠른 스타일]을 클릭한 후 [채우기: 밝은 회색, 배경색 2, 안쪽 그림자]를 선택합니다.

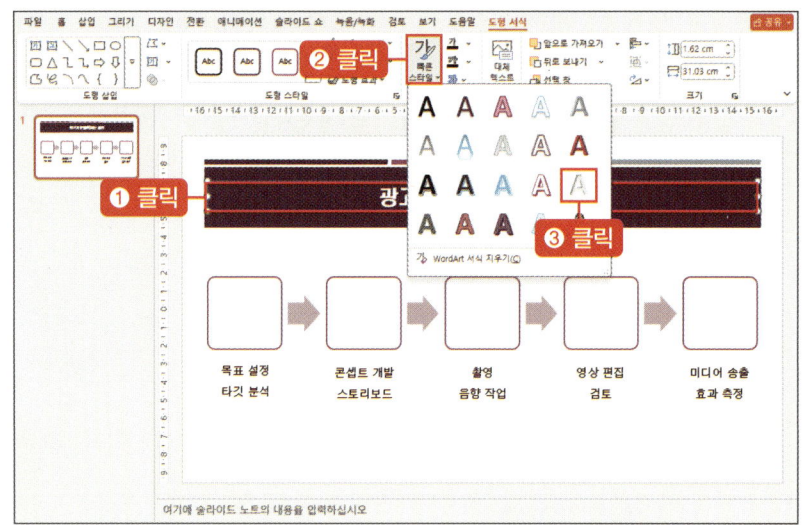

2 제목 텍스트 상자가 선택된 상태에서 [홈] 탭-[글꼴] 그룹에서 글꼴 크기를 [36pt]로 설정합니다.

> **TIP** WordArt 스타일을 변경하려면 [도형 서식] 탭-[WordArt 스타일] 그룹-[빠른 스타일]을 클릭하여 다시 선택합니다.

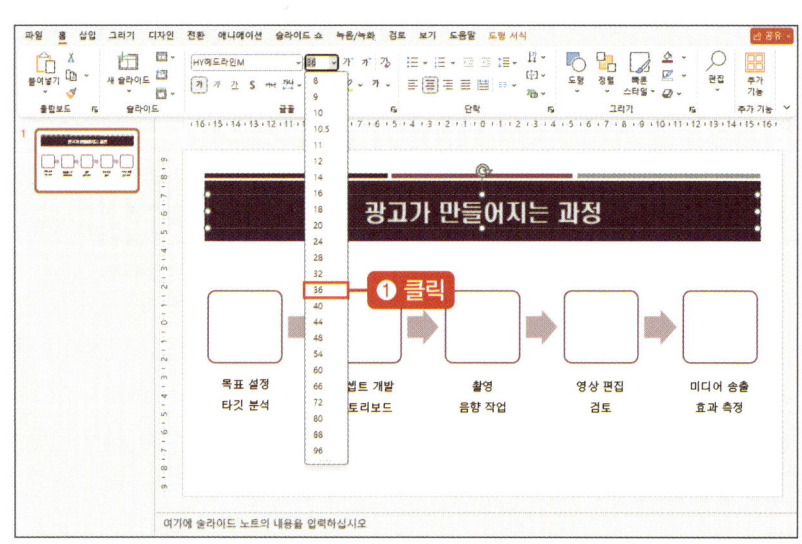

2 WordArt에 텍스트 입력하기

1 이번에는 WordArt 스타일을 먼저 선택하고 텍스트를 입력해 보겠습니다. [삽입] 탭-[텍스트] 그룹-[WordArt]를 클릭한 후 [채우기: 분홍, 강조색 3, 선명한 입체]를 선택합니다.

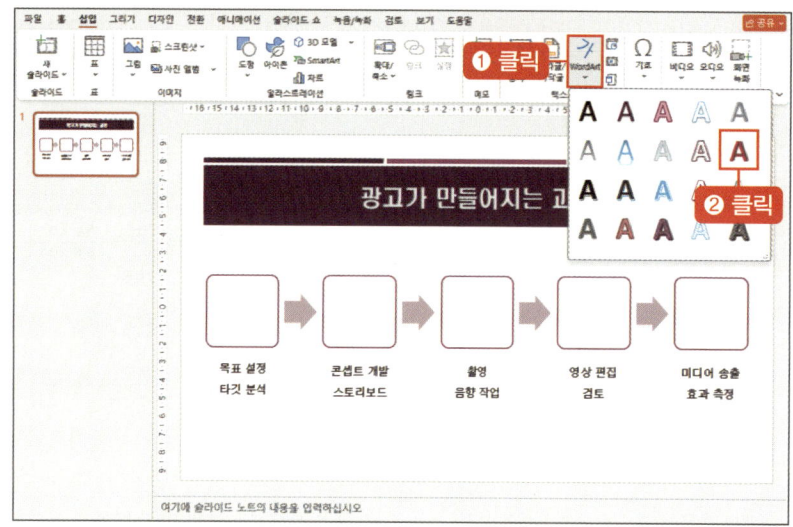

2 '필요한 내용을 적으십시오.'라는 텍스트 입력 상자가 나타납니다.

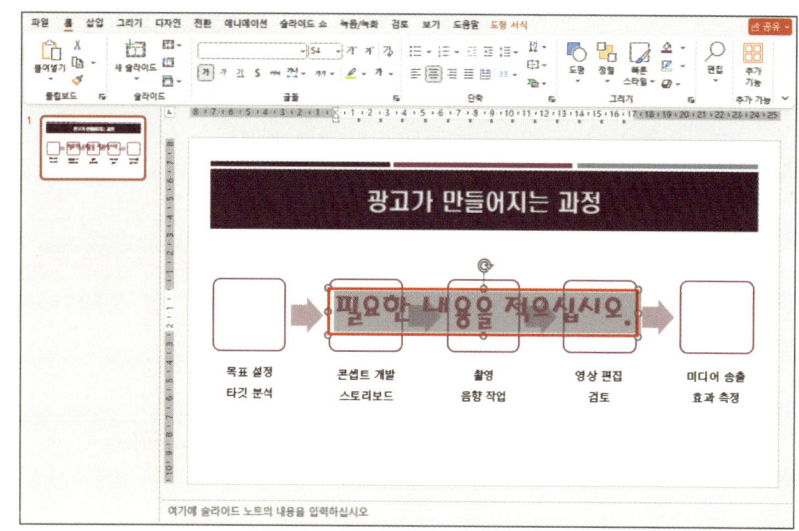

3 텍스트 입력 상자에 '기획'을 입력한 후 [홈] 탭-[글꼴] 그룹에서 글꼴 크기를 [40pt]로 설정하고 첫 번째 사각형 위에 배치합니다.

> **TIP**
> WordArt의 채우기 색과 윤곽선 색을 변경하려면 [WordArt 스타일] 그룹-[텍스트 채우기]와 [텍스트 윤곽선]을 이용하면 됩니다.

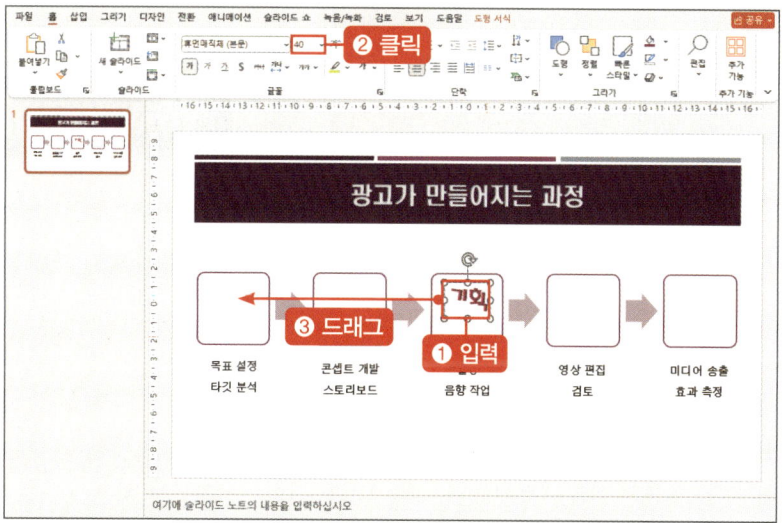

④ 그림자 효과를 적용하기 위해 [도형 서식] 탭-[WordArt 스타일] 그룹-[텍스트 효과]를 클릭한 후 [그림자]에서 [바깥쪽-오프셋: 아래쪽]을 선택합니다.

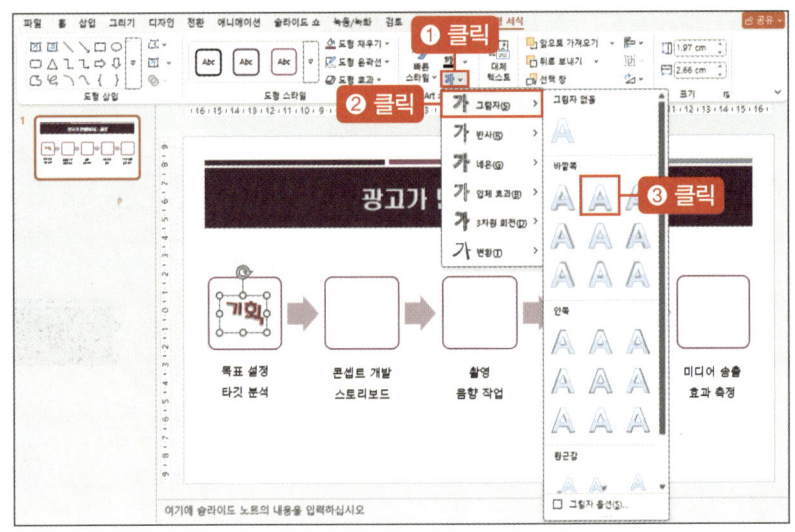

⑤ WordArt를 복사하여 나머지 4개의 사각형에 모두 붙여넣습니다.

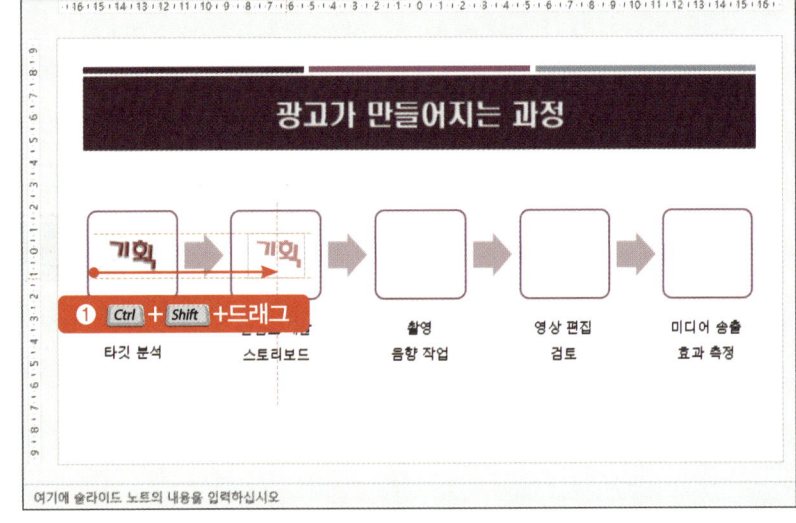

TIP '기획'이 입력된 WordArt를 선택하고 Ctrl + Shift 키를 누른 상태에서 오른쪽으로 드래그하면 수평 복사할 수 있습니다.

⑥ 복사된 WordArt를 클릭하여 다음과 같이 텍스트를 변경합니다.

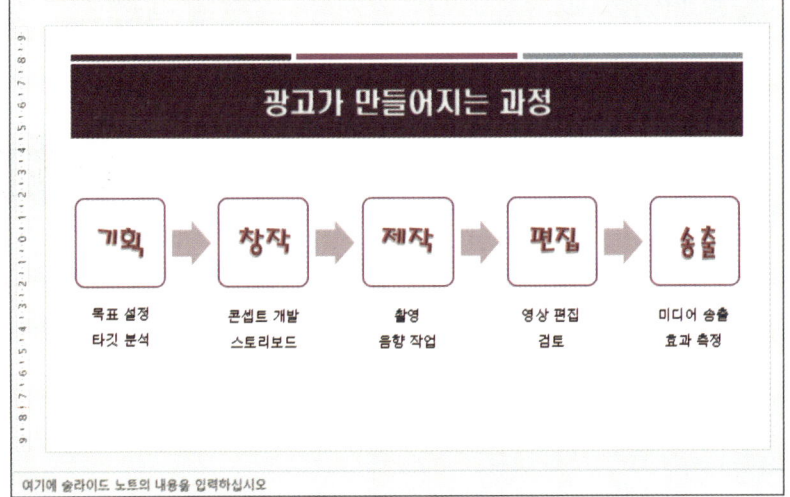

TIP WordArt 서식을 지우려면 [도형 서식] 탭-[WordArt 스타일] 그룹-[빠른 스타일]-[WordArt 서식 지우기]를 클릭하면 됩니다.

셀프 테스트

1 '자기브랜드화 전략.pptx' 파일을 열어서 제목에 WordArt를 적용해 보세요.

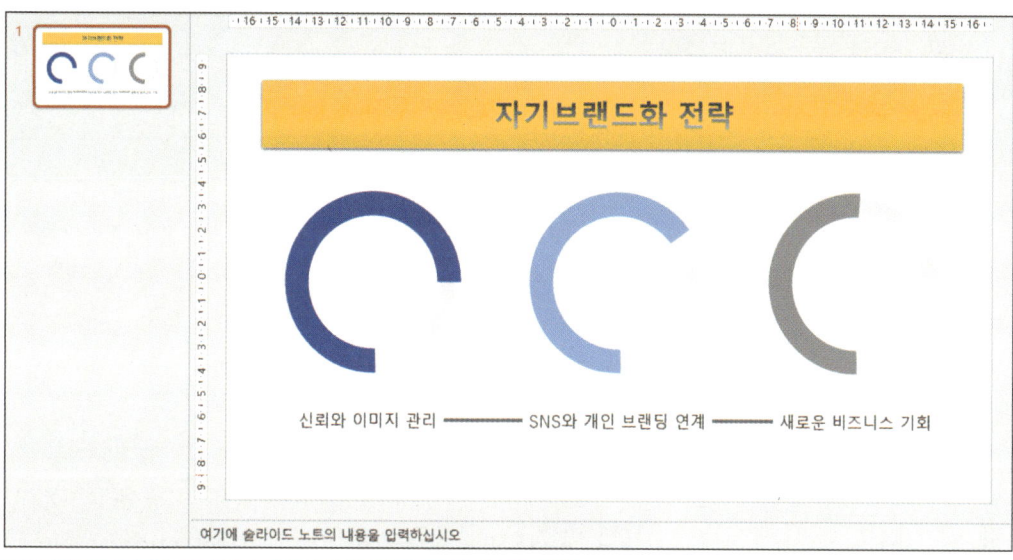

> **WordArt 스타일** 빠른 스타일-그라데이션 채우기, 회색
> **글꼴 서식** 36pt, 굵게

2 1번 문제에 이어서 WordArt를 선택하여 다음과 같이 '75%', '65%', '50%'를 입력해 보세요.

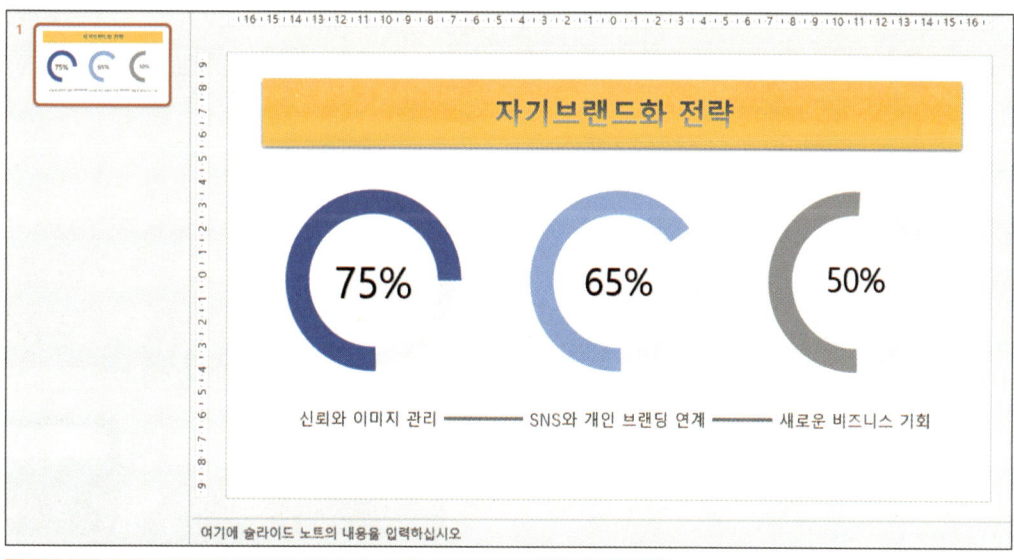

> **WordArt 스타일** 빠른 스타일-채우기: 검정, 텍스트 색 1, 그림자
> **글꼴 크기** 왼쪽부터 50pt, 45pt, 40pt

PowerPoint 2021

07 도형 활용
SECTION

도형은 이미지보다 파일 용량 부담이 적고 수정이 용이하며 색, 입체 효과 등을 적용할 수 있습니다. 이 섹션에서는 도형을 삽입하여 서식을 설정하고 정렬 및 그룹화하는 방법을 알아봅니다.

1 도형 삽입하기

① '프랜차이즈 운영 방법.pptx' 파일을 엽니다. 슬라이드 중앙에 다이아몬드 도형을 삽입하기 위해 [삽입] 탭-[일러스트레이션] 그룹-[도형]을 클릭한 후 [기본 도형: 다이아몬드]를 선택합니다.

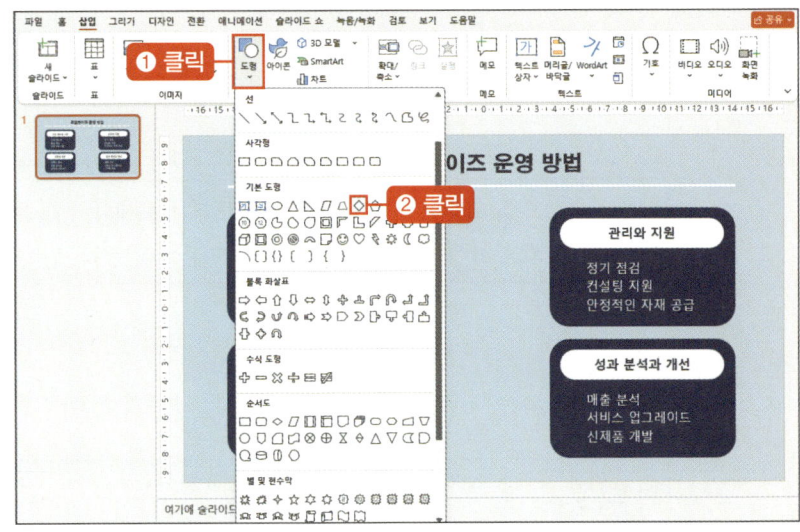

② 마우스 포인터가 + 모양으로 바뀌면 Shift 키를 누른 상태에서 드래그하여 도형을 삽입합니다.

TIP Shift 키를 누른 상태에서 드래그하면 정다각형을 그릴 수 있습니다.

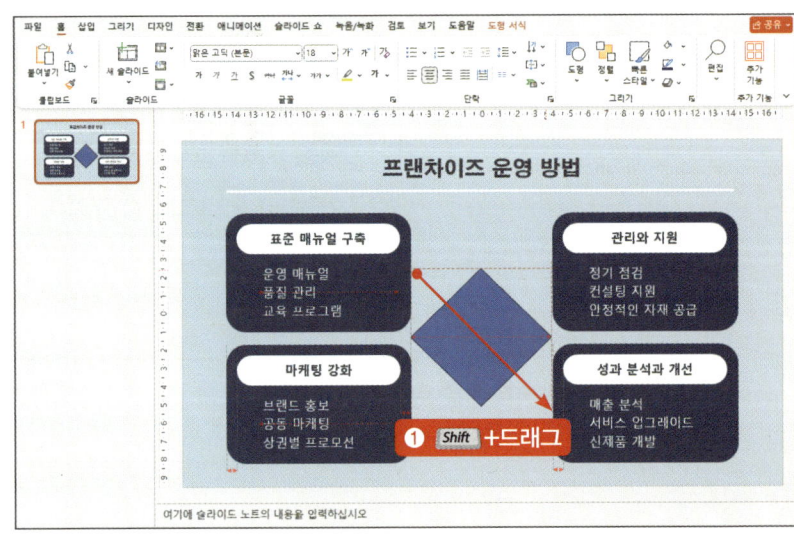

2 도형 채우기

1 다이아몬드 도형이 선택된 상태에서 [도형 서식] 탭-[도형 스타일] 그룹-[도형 채우기]를 클릭한 후 [흰색]을 선택합니다.

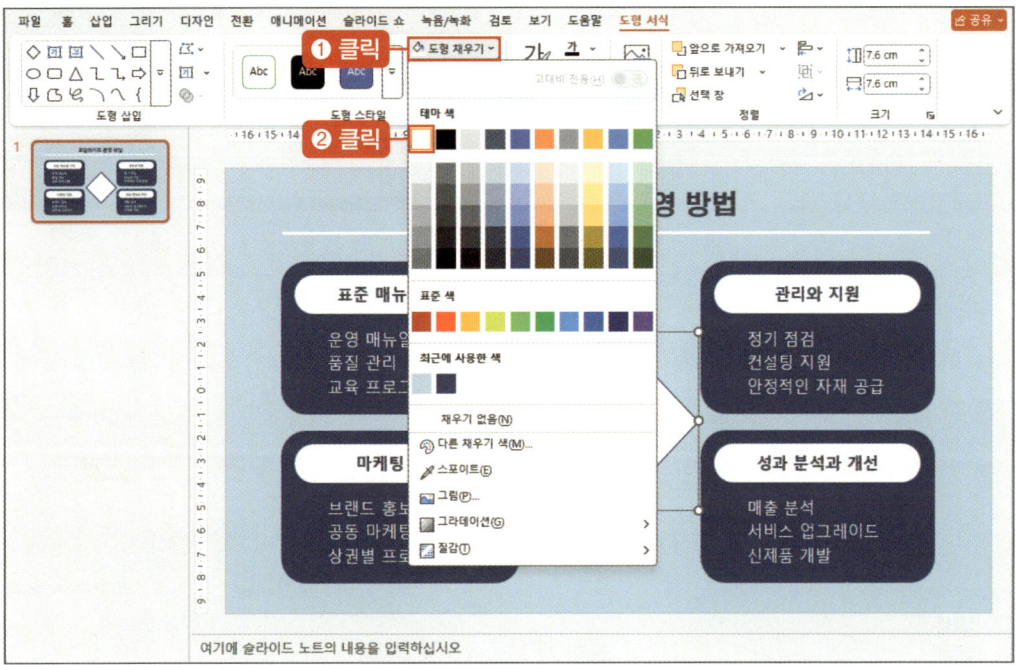

2 바로 이어서 [도형 윤곽선]을 클릭한 후 [윤곽선 없음]을 선택합니다.

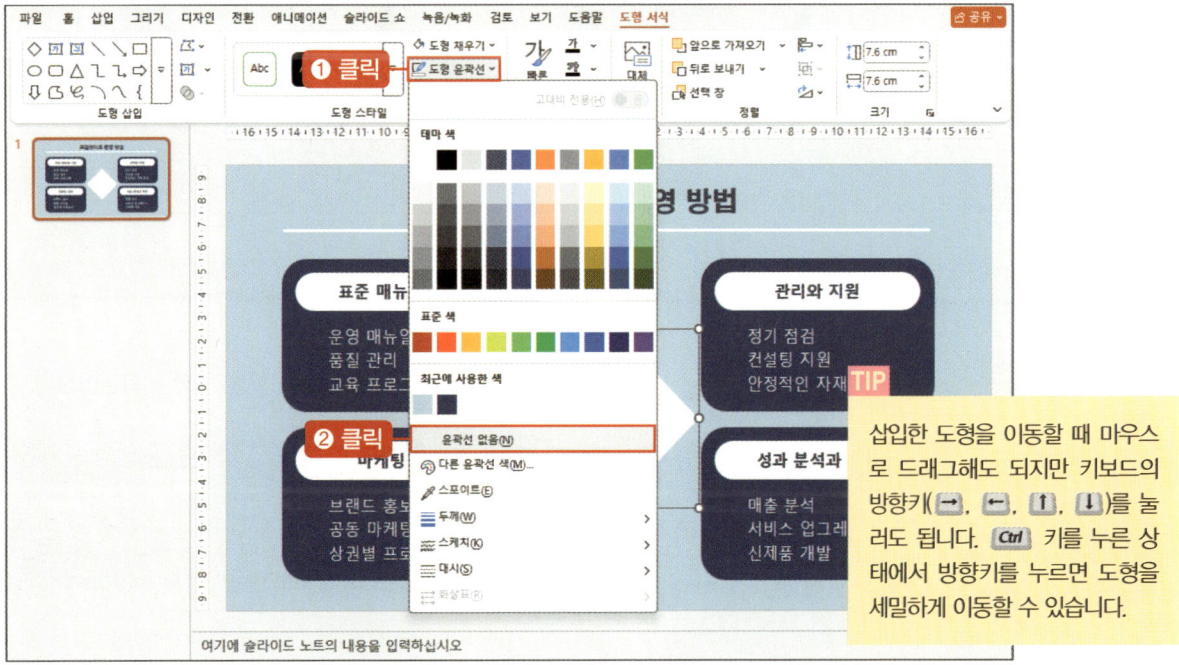

TIP 삽입한 도형을 이동할 때 마우스로 드래그해도 되지만 키보드의 방향키(→, ←, ↑, ↓)를 눌러도 됩니다. Ctrl 키를 누른 상태에서 방향키를 누르면 도형을 세밀하게 이동할 수 있습니다.

③ 다이아몬드 도형을 복사하여 붙여넣은 다음, 붙여넣은 도형에 스포이트를 사용하여 색을 채워보겠습니다. [도형 서식] 탭-[도형 스타일] 그룹-[도형 채우기]를 클릭한 후 [스포이트]를 선택합니다.

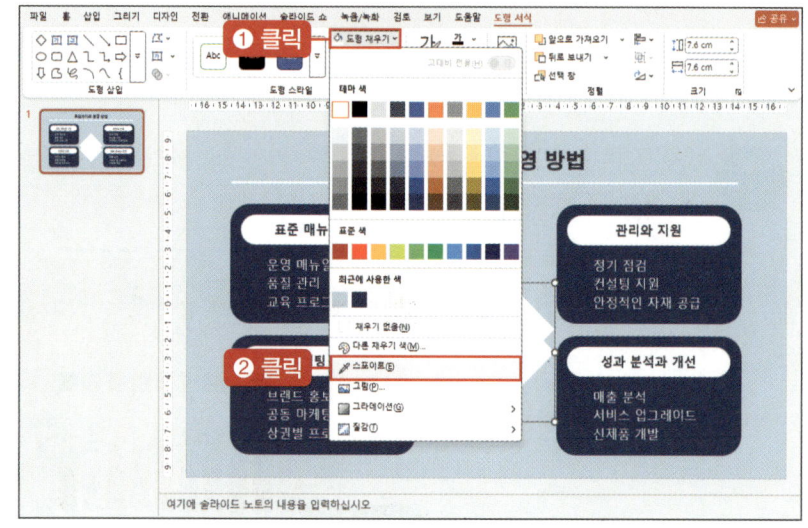

TIP [복사] 단축키 Ctrl + C
[붙여넣기] 단축키 Ctrl + V

④ 마우스 포인터가 스포이트( ) 모양으로 바뀌면 진한 파랑 사각형을 클릭합니다. 붙여넣은 다이아몬드 도형이 스포이트로 클릭한 색으로 채워집니다.

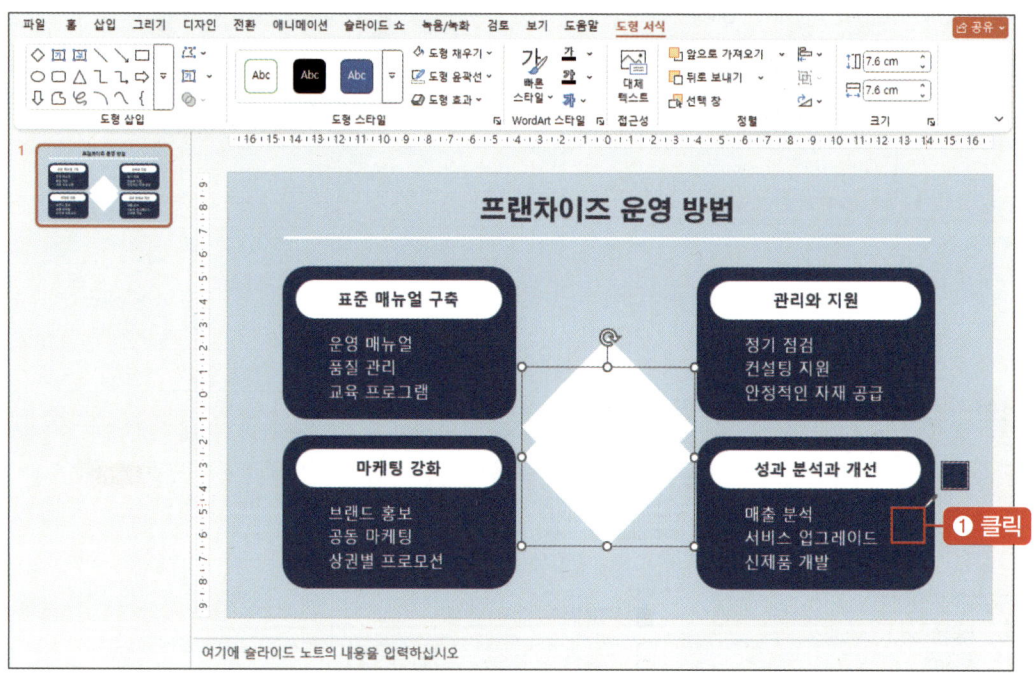

더 알아보기 **도형의 조절 핸들**

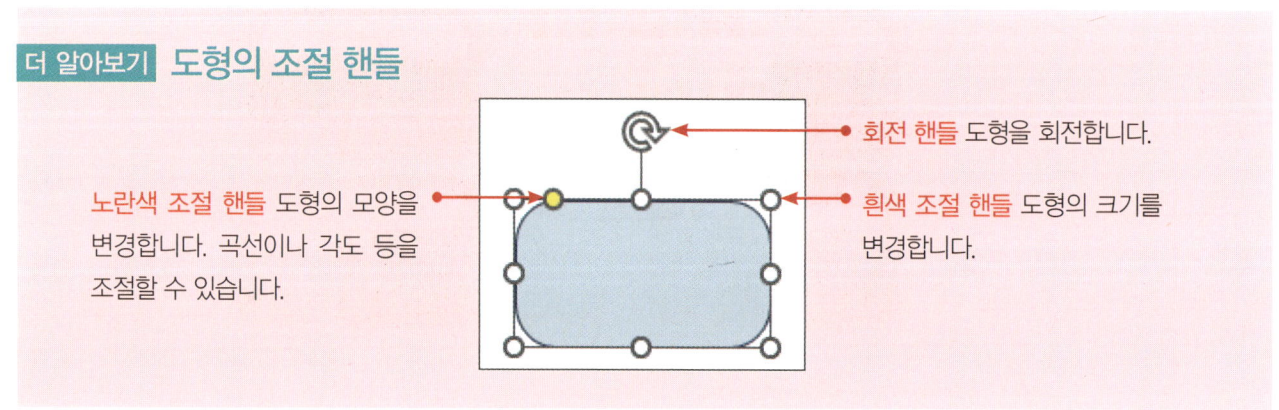

회전 핸들 도형을 회전합니다.

노란색 조절 핸들 도형의 모양을 변경합니다. 곡선이나 각도 등을 조절할 수 있습니다.

흰색 조절 핸들 도형의 크기를 변경합니다.

3 도형 순서 변경하기와 그룹화

1 진한 파랑 다이아몬드 도형을 선택한 후 [도형 서식] 탭-[정렬] 그룹-[뒤로 보내기]를 클릭합니다. 흰색 다이아몬드 도형이 앞으로 배치됩니다.

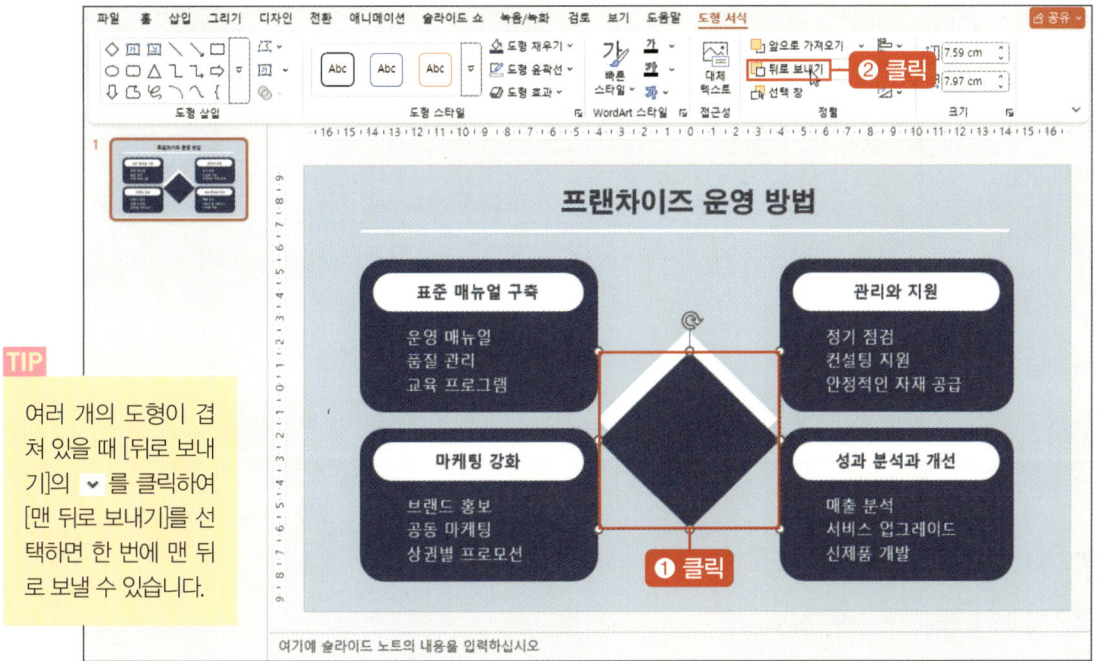

TIP 여러 개의 도형이 겹쳐 있을 때 [뒤로 보내기]의 ✓ 를 클릭하여 [맨 뒤로 보내기]를 선택하면 한 번에 맨 뒤로 보낼 수 있습니다.

2 두 개의 다이아몬드 도형을 모두 선택한 후 [도형 서식] 탭-[정렬] 그룹-[개체 그룹화]-[그룹]을 클릭합니다. 두 개의 도형이 하나의 개체로 그룹화되어 한 번에 이동하거나 설정을 변경할 수 있습니다. 그룹을 해제하려면 [개체 그룹화]-[그룹 해제]를 클릭하면 됩니다.

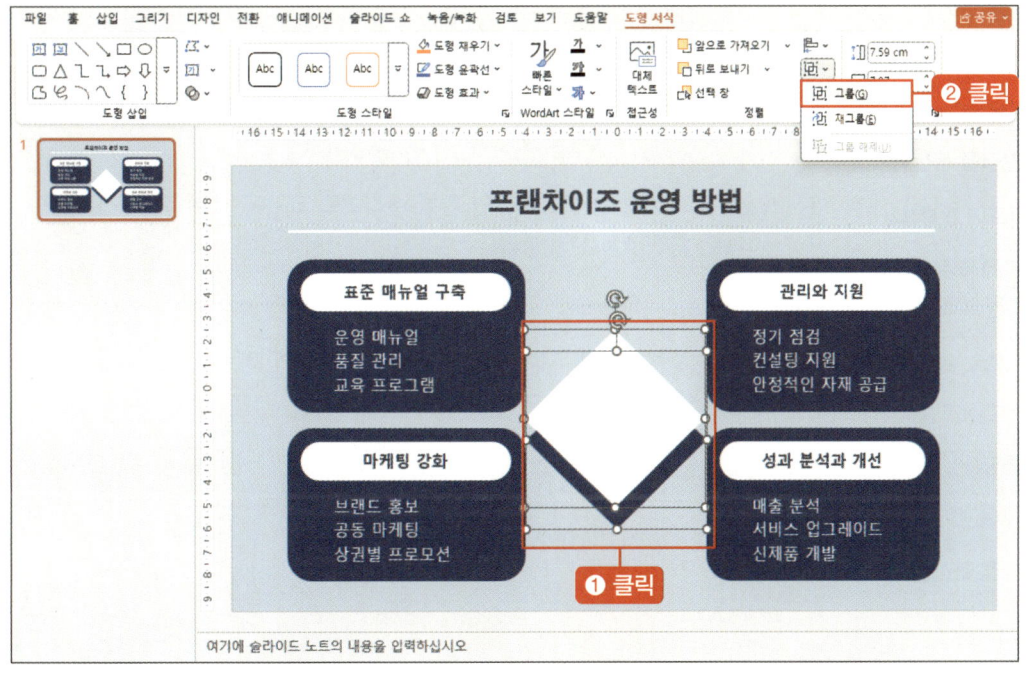

더 알아보기 [정렬] 기능 알아보기

- 도형이나 그림 등 여러 개의 개체를 사용할 때 정렬 기능을 이용해 쉽게 배치할 수 있습니다.

개체 순서 슬라이드에 삽입된 개체의 순서를 변경합니다.

개체 순서
- 맨 앞으로 가져오기(R)
- 맨 뒤로 보내기(K)
- 앞으로 가져오기(F)
- 뒤로 보내기(B)

개체 그룹 도형이나 개체를 하나로 묶어 그룹으로 만들거나 그룹을 해제하여 분리합니다.

개체 그룹
- 그룹(G)
- 그룹 해제(U)
- 재그룹(E)

개체 위치 개체를 정렬하거나 회전합니다.

개체 위치
- 맞춤(A)
- 회전(O)

[개체 위치]-[맞춤]
- 세로로 배열된 여러 개체 중 가장 왼쪽, 가운데, 오른쪽에 배치된 개체를 기준으로 정렬합니다.
- 가로로 배열된 여러 개체 중 가장 위쪽, 중간, 아래쪽에 배치된 개체를 기준으로 정렬합니다.

- 왼쪽 맞춤(L)
- 가운데 맞춤(C)
- 오른쪽 맞춤(R)
- 위쪽 맞춤(T)
- 중간 맞춤(M)
- 아래쪽 맞춤(B)
- 가로 간격을 동일하게(H)
- 세로 간격을 동일하게(V)
- ✓ 슬라이드에 맞춤(A)
- 선택한 개체 맞춤(O)

- 선택한 개체들의 가로 간격 또는 세로 간격을 동일하게 조절합니다.

- [슬라이드에 맞춤]을 해제하면 전체 슬라이드 크기에 맞춰 [가로 간격] 또는 [세로 간격]을 동일하게 조절합니다.

[개체 위치]-[회전] 선택한 개체를 수직, 상하/좌우 대칭 등으로 회전합니다.

- 오른쪽으로 90도 회전(R)
- 왼쪽으로 90도 회전(L)
- 상하 대칭(V)
- 좌우 대칭(H)
- 기타 회전 옵션(M)...

셀프 테스트

1 '일과 삶의 균형.pptx' 파일을 열어서 다음과 같이 도형을 삽입하여 1번 슬라이드를 작성해 보세요.

글꼴 서식 50pt, 흰색, 굵게

2 1번 문제에 이어서 2번 슬라이드에 도형을 삽입한 후 정렬과 그룹화 기능을 활용하여 다음과 같이 작성해 보세요.

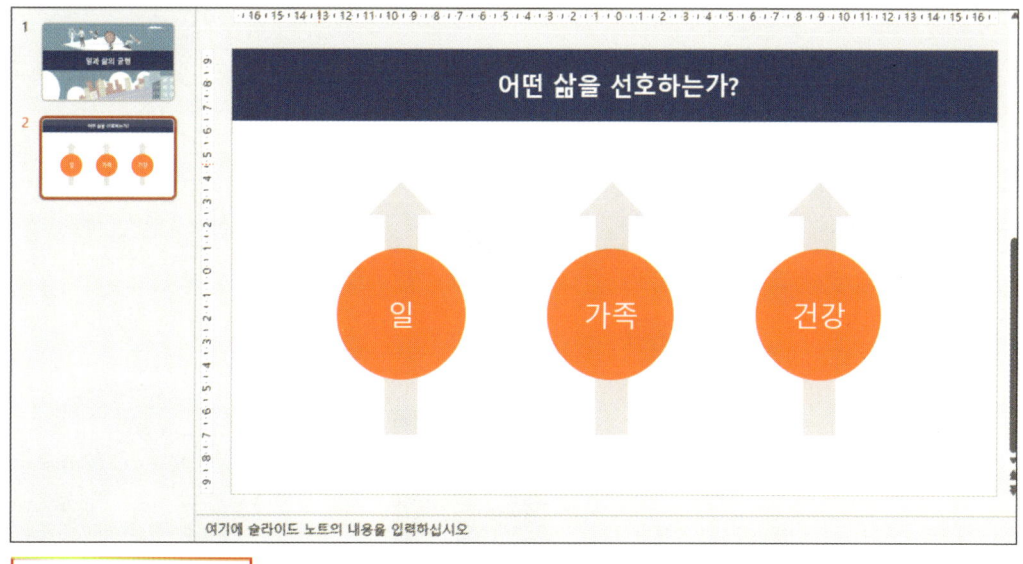

글꼴 서식 35pt, 흰색

PowerPoint 2021

08 도형 병합과 투명도 조절
SECTION

기본 도형을 병합하여 새로운 형태의 도형을 만들 수 있습니다. 이 기능을 활용하면 창의적으로 슬라이드를 디자인할 수 있을 뿐만 아니라 로고나 아이콘을 직접 제작할 수 있습니다.

1 도형 병합하기

1 '분야별 핵심 기술.pptx' 파일을 엽니다. 다음과 같이 도형을 드래그하여 모두 선택합니다.

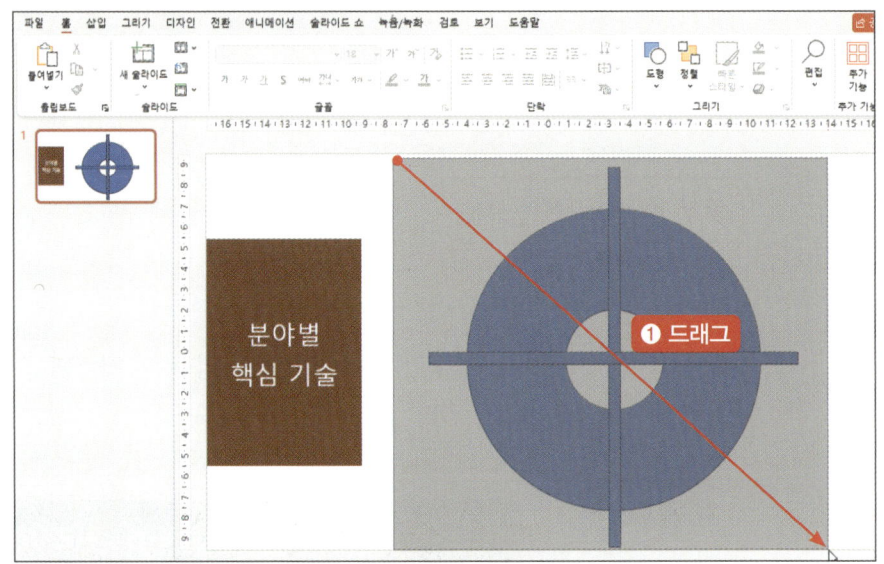

2 [도형 서식] 탭-[도형 삽입] 그룹-[도형 병합]을 클릭한 후 [조각]을 선택합니다.

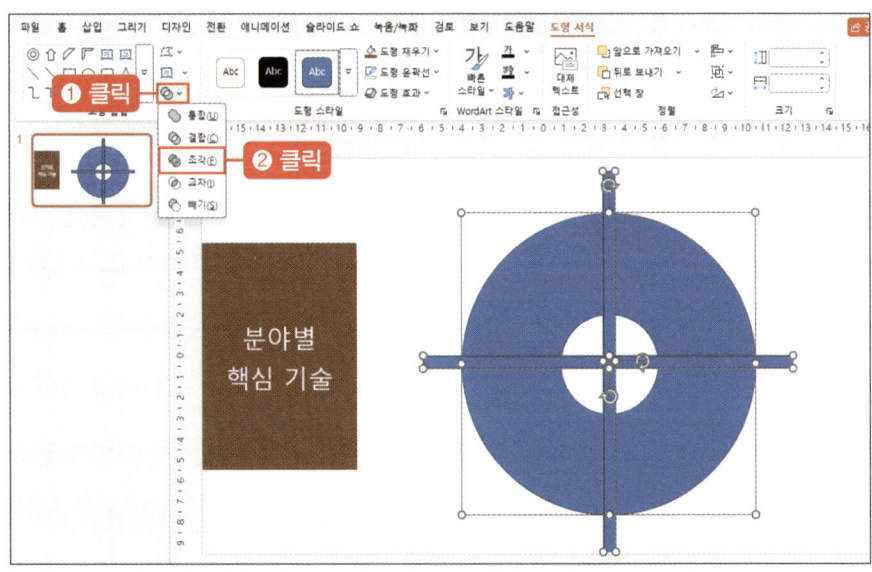

③ 도형이 겹친 부분을 기준으로 모두 분리됩니다.

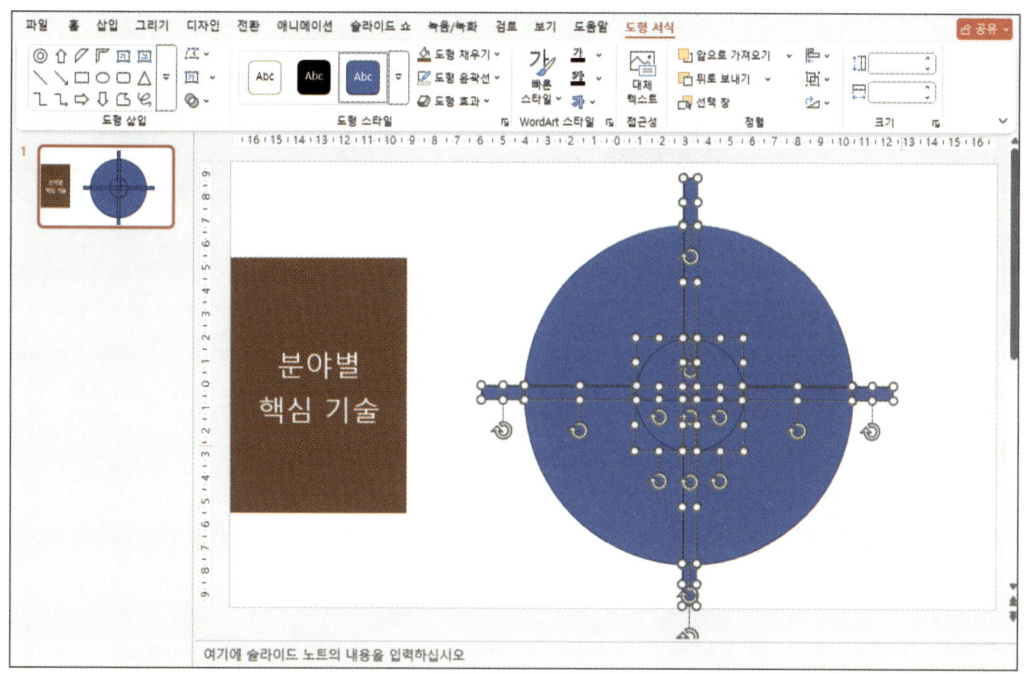

④ 분리된 도형의 일부를 삭제하여 다음과 같이 네 개로 분리된 도넛 모양의 도형을 완성합니다.

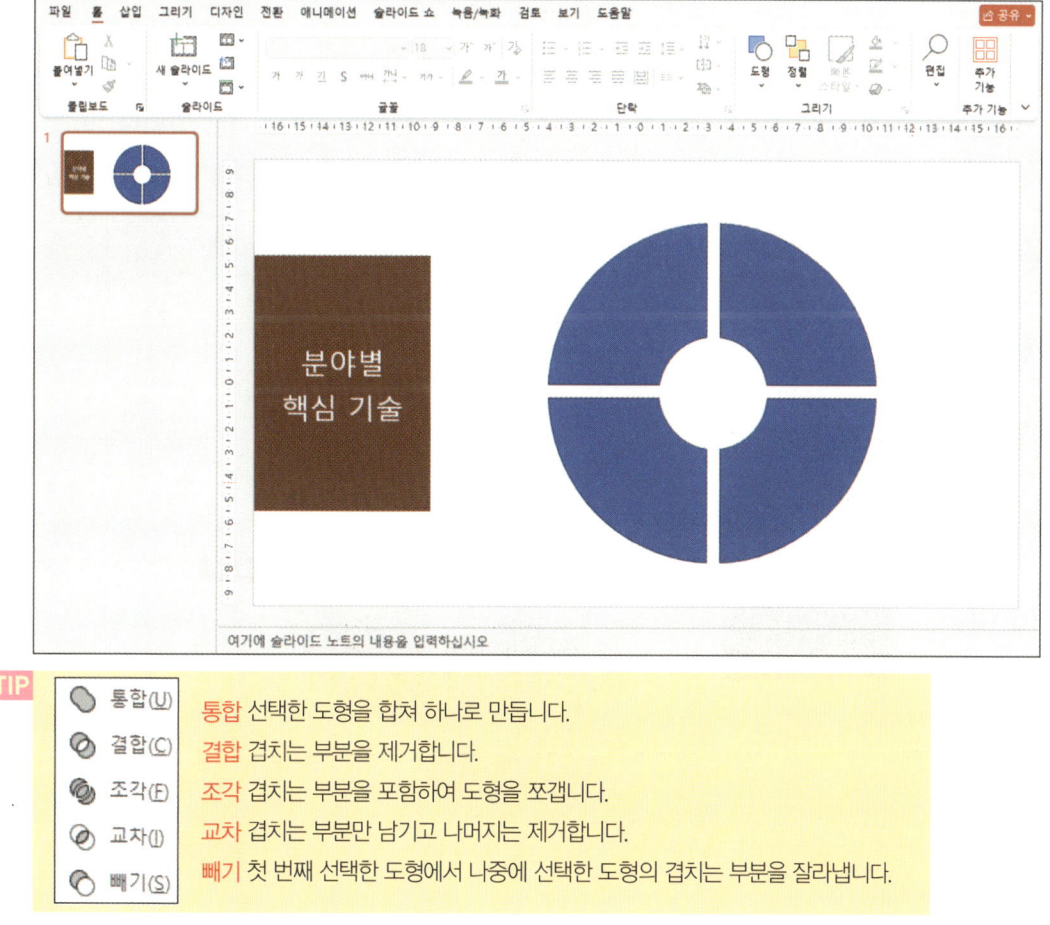

TIP

- **통합(U)** 선택한 도형을 합쳐 하나로 만듭니다.
- **결합(C)** 겹치는 부분을 제거합니다.
- **조각(F)** 겹치는 부분을 포함하여 도형을 쪼갭니다.
- **교차(I)** 겹치는 부분만 남기고 나머지는 제거합니다.
- **빼기(S)** 첫 번째 선택한 도형에서 나중에 선택한 도형의 겹치는 부분을 잘라냅니다.

5 [도형 서식] 탭-[도형 스타일] 그룹-[도형 채우기]에서 각각의 도형에 원하는 색을 채우고, [도형 윤곽선]에서 윤곽선을 없앱니다.

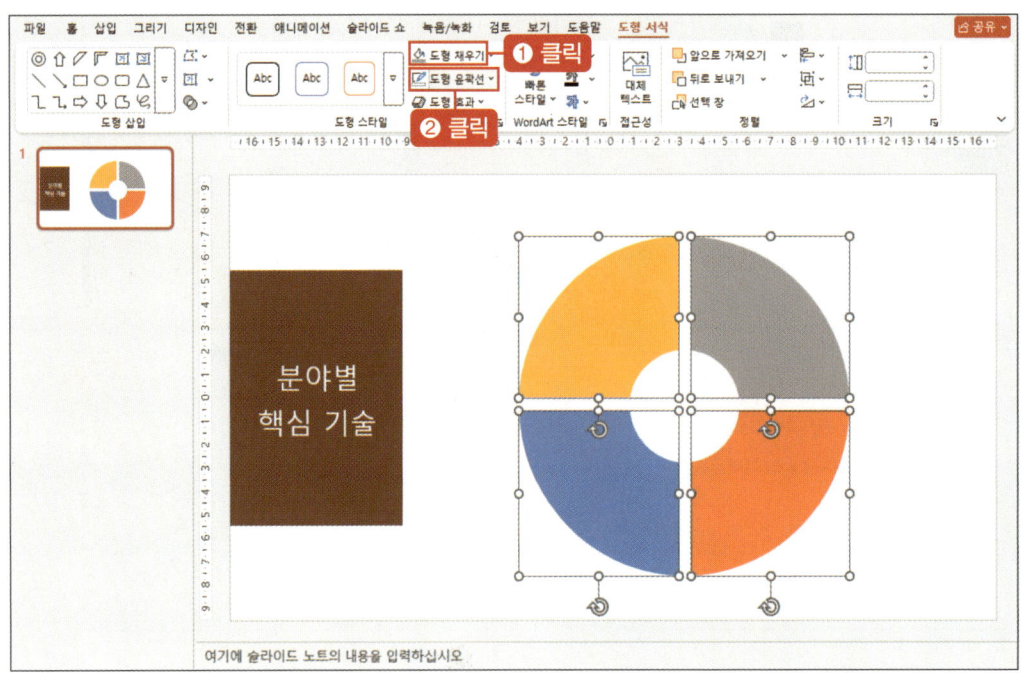

6 [삽입] 탭-[텍스트] 그룹-[텍스트 상자]-[가로 텍스트 상자 그리기]를 클릭하여 다음과 같이 텍스트를 입력합니다. 텍스트 상자를 모두 선택한 후 [홈] 탭-[글꼴] 그룹에서 서식을 설정합니다.

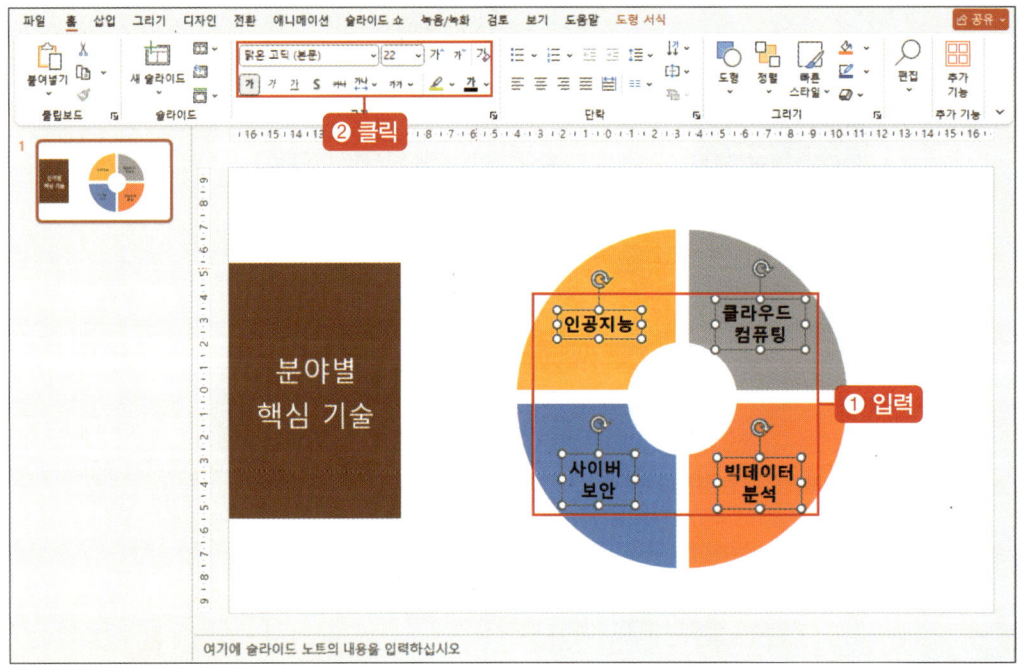

TIP 글꼴 서식 맑은고딕, 검정, 22pt, 굵게

2 투명도 조절하기

1. [삽입] 탭-[일러스트레이션] 그룹-[도형]을 클릭한 후 [기본 도형: 타원]을 선택합니다.

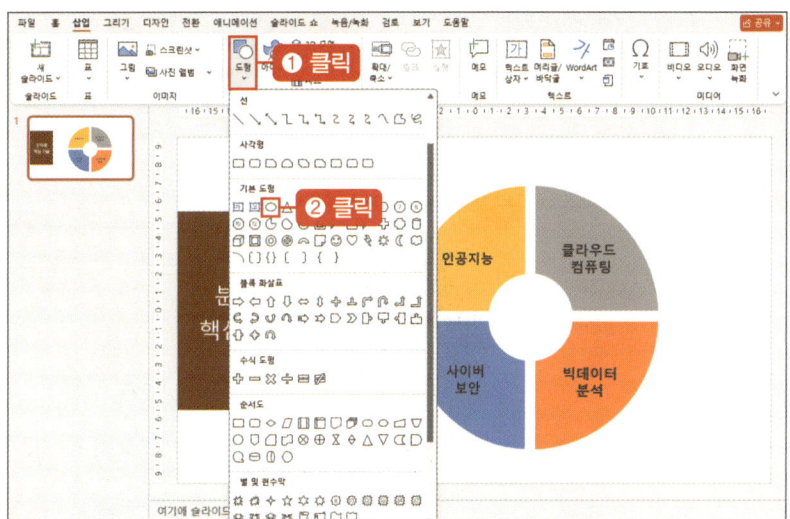

2. Ctrl + Shift 키를 누른 상태에서 드래그하여 다음과 같이 원을 그립니다.

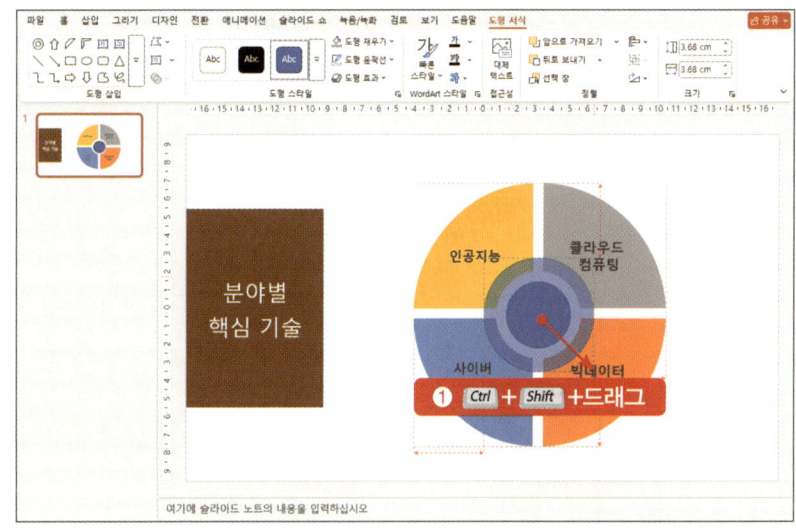

3. 원이 선택된 상태에서 마우스 오른쪽 버튼을 클릭하여 [도형 서식]을 선택합니다.

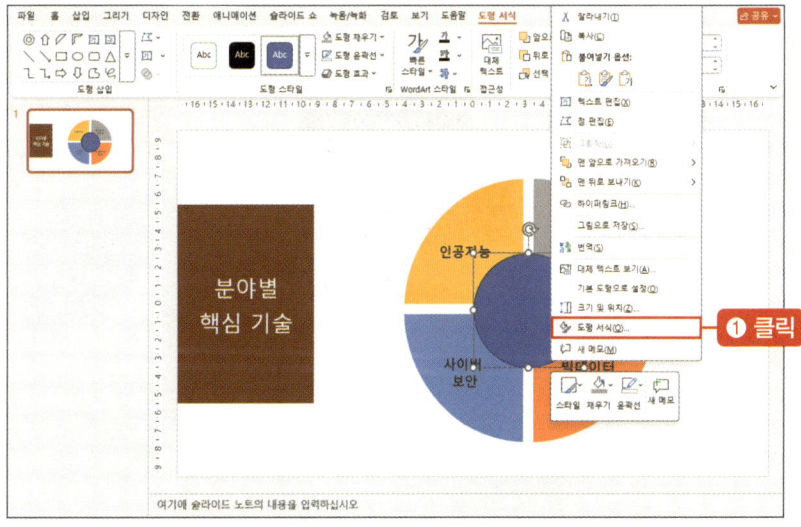

④ [도형 서식] 창이 열리면 [도형 옵션] 탭의 [채우기]에서 [색: 회색], [투명도: 50%]로 설정하고, [선]에서 [선 없음]을 클릭합니다. [도형 서식] 창을 닫습니다.

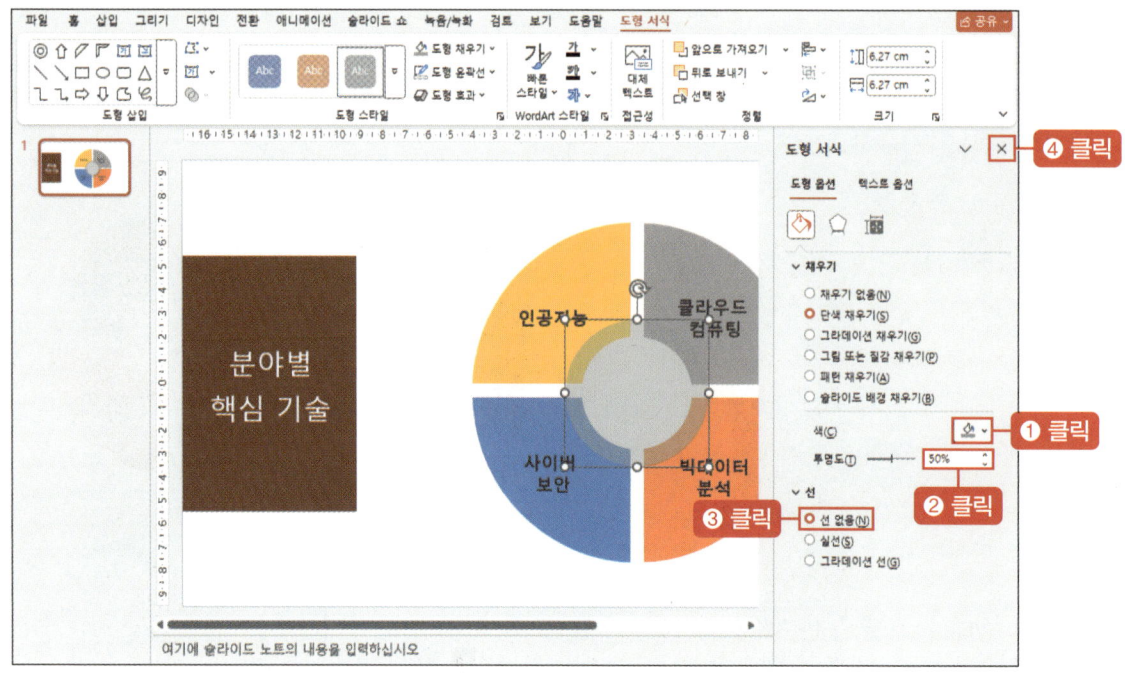

⑤ 원 안에 '디지털'을 입력한 후 [홈] 탭-[글꼴] 그룹에서 서식을 설정합니다.

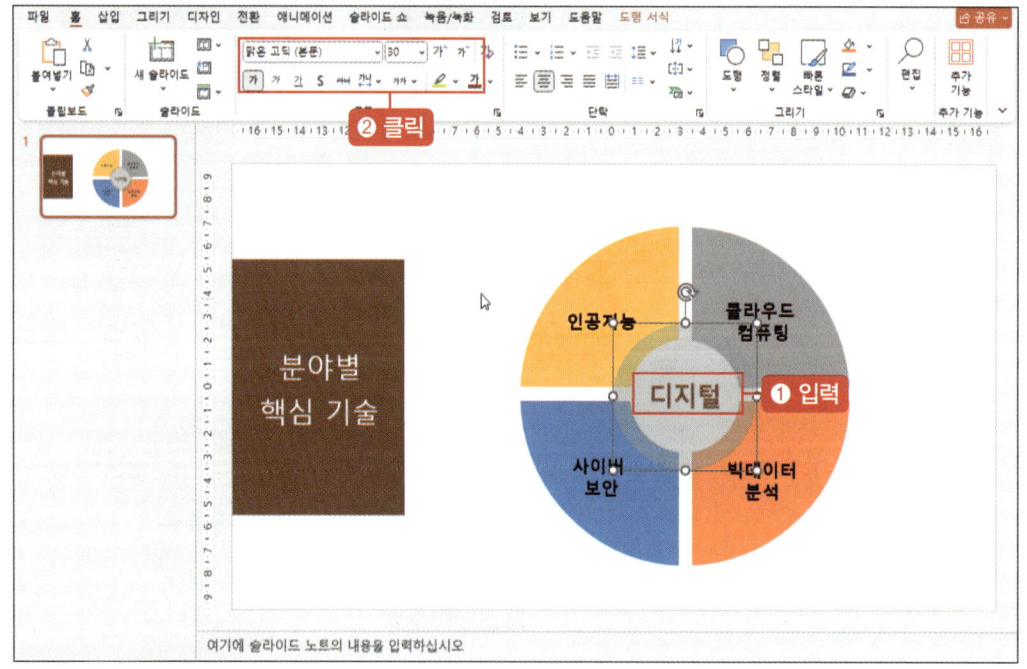

TIP
글꼴 서식 맑은 고딕, 갈색, 30pt, 굵게

셀프 테스트

① '시도별 인구 분포.pptx' 파일을 열어서 도형 병합 기능을 활용하여 시도별 인구수를 완성해 보세요.

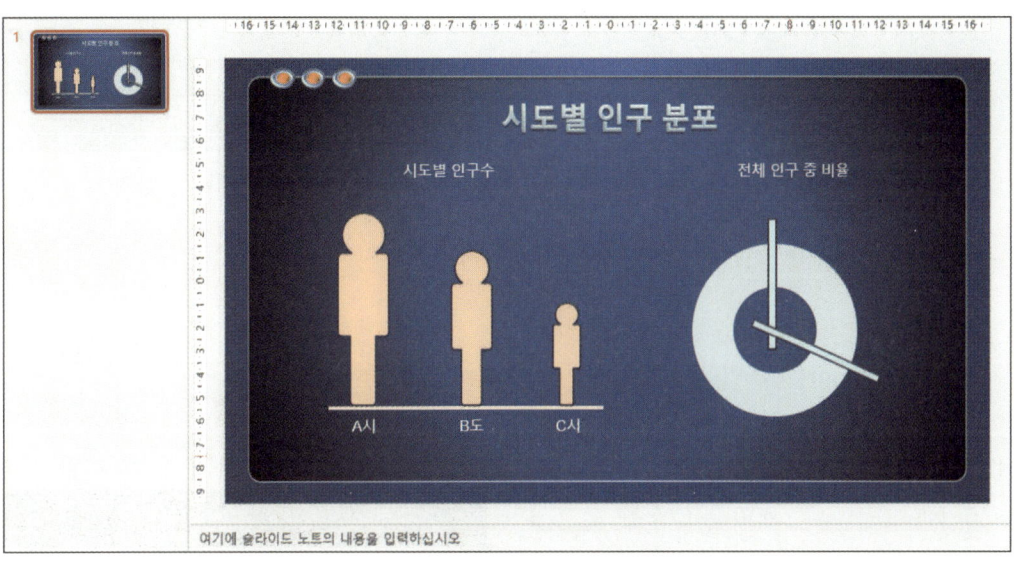

② 1번 문제에 이어서 도형 병합 기능을 활용하여 전체 인구 중 비율을 다음과 같이 완성해 보세요.

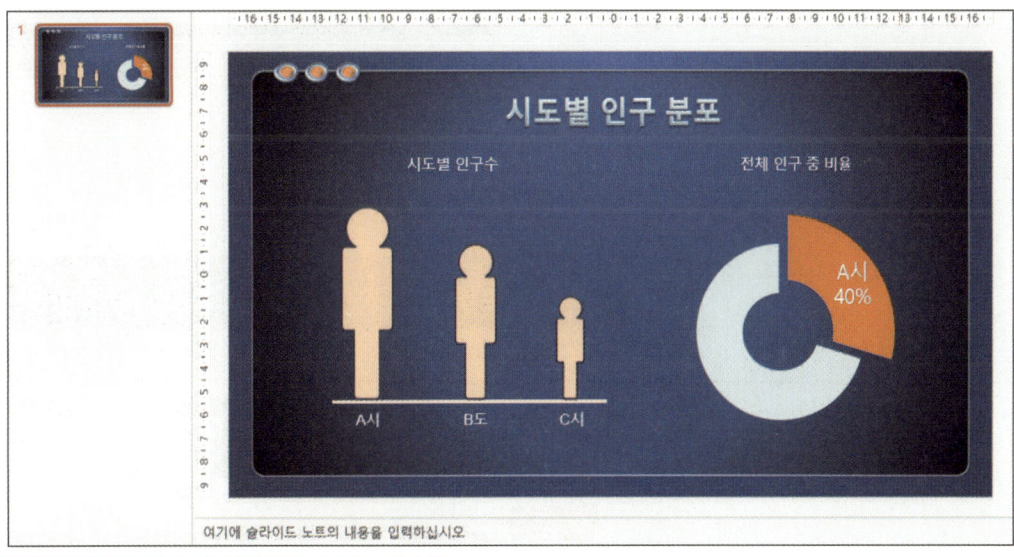

도형 채우기 주황, 강조 4, 25% 더 어둡게
글꼴 서식 25pt, 텍스트 그림자

PowerPoint 2021

09 SmartArt 그래픽
SECTION

조직도, 절차 등의 정보는 텍스트보다 그래픽이 훨씬 이해하기 쉽습니다. SmartArt는 정보의 종류에 적합한 템플릿을 제공하여 손쉽게 그래픽을 삽입할 수 있게 해 줍니다.

1 SmartArt 삽입하기

1. '인증 절차 안내.pptx' 파일을 엽니다. [삽입] 탭-[일러스트레이션] 그룹-[SmartArt]를 클릭한 후 [SmartArt 그래픽 선택] 대화상자에서 [프로세스형]-[기본 벤딩 프로세스형]을 선택하고 [확인]을 누릅니다.

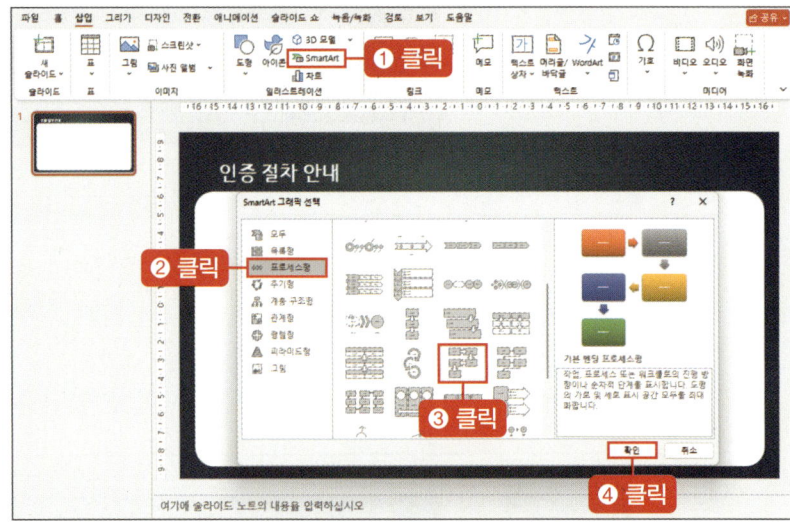

2. SmartArt가 삽입되면 화살표(◁)를 클릭하여 텍스트 창을 표시합니다. 각 항목에 '신청서 제출, 서류 심사, 현장 심사, 심의위원회, 최종 인증'을 입력합니다.

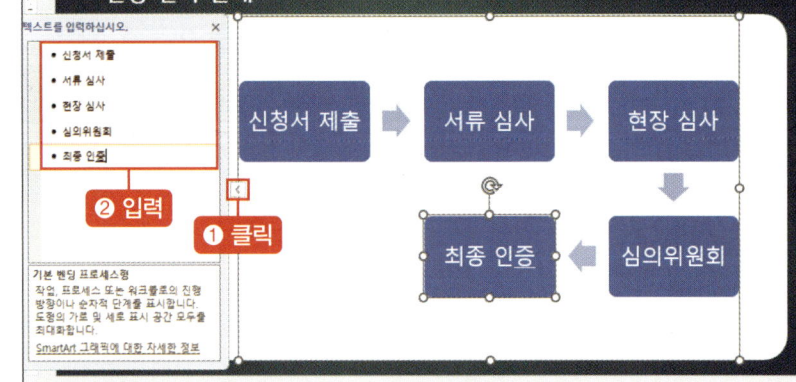

TIP 도형을 선택하여 텍스트를 입력해도 됩니다.

2 SmartArt 편집하기

1 '최종 인증'이 입력된 도형을 선택한 상태에서 마우스 오른쪽 버튼을 클릭하여 [도형 추가]-[뒤에 도형 추가]를 누릅니다.

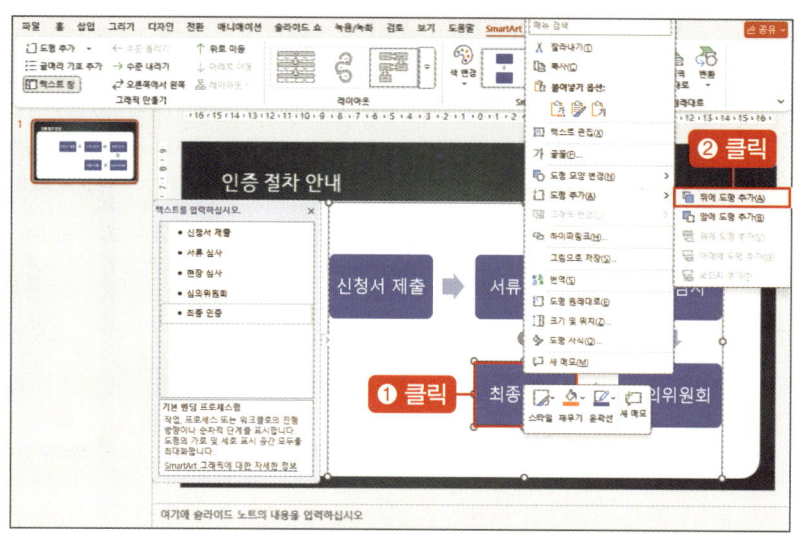

TIP 텍스트 입력 창의 '최종 인증' 뒤에서 Enter 키를 눌러도 도형이 삽입됩니다.

2 추가된 도형에 '등록'을 입력한 후 텍스트 입력 창을 닫습니다.

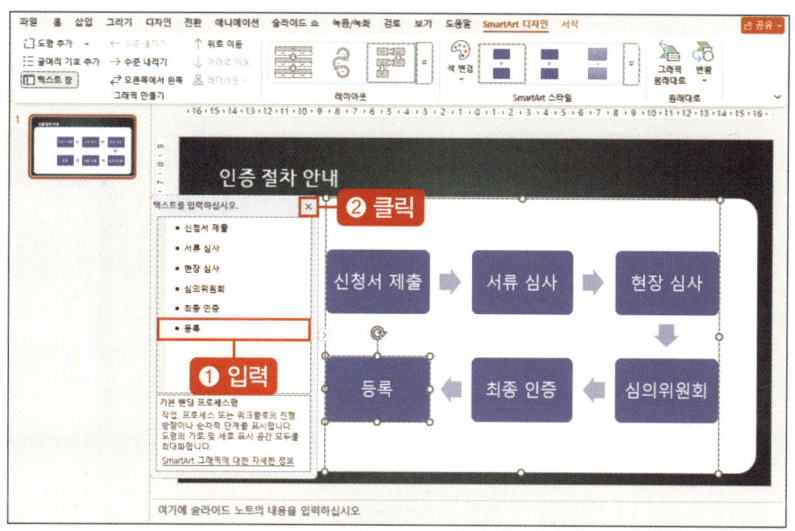

3 색을 변경하기 위해 SmartArt가 선택된 상태에서 [SmartArt 디자인] 탭-[SmartArt 스타일] 그룹-[색 변경]을 클릭한 후 [색상형 범위 - 강조색 5 또는 6]을 선택합니다.

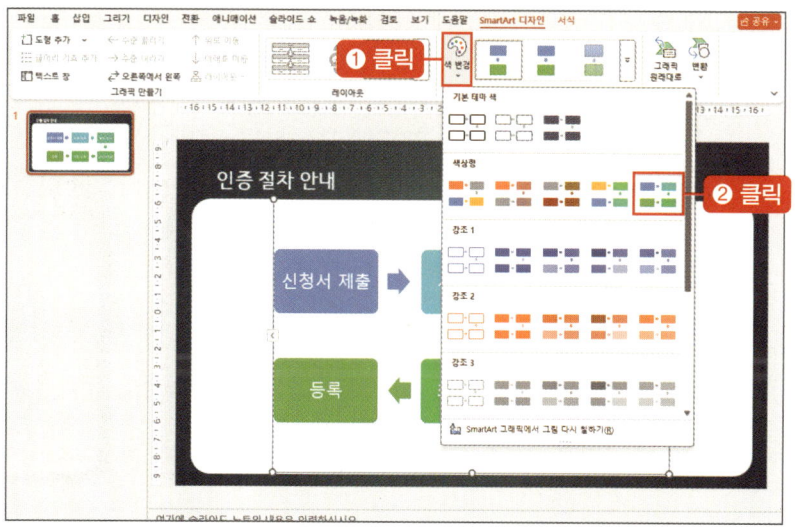

더 알아보기 텍스트를 SmartArt로 변환하기

텍스트 상자가 선택된 상태에서 [홈] 탭–[단락] 그룹–[SmartArt 그래픽으로 변환]–[과녁 목록형]을 클릭합니다.

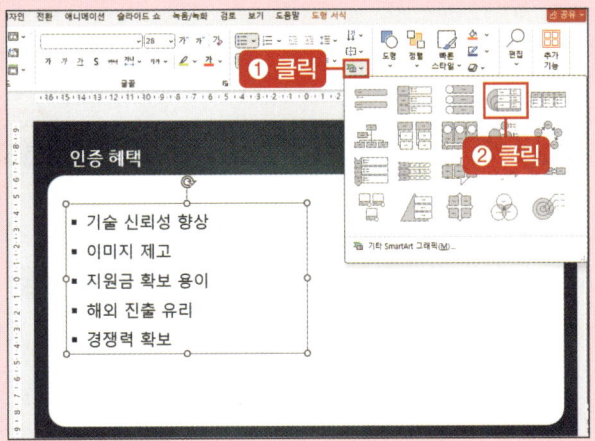
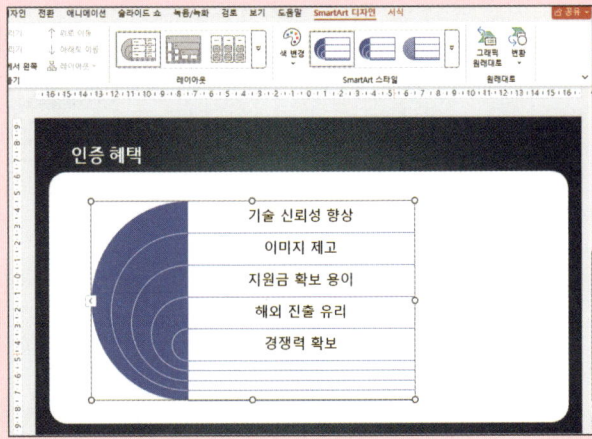

SmartArt를 텍스트로 변환하기

SmartArt가 선택된 상태에서 [SmartArt 디자인] 탭–[원래대로] 그룹–[변환]–[텍스트로 변환]을 클릭합니다.

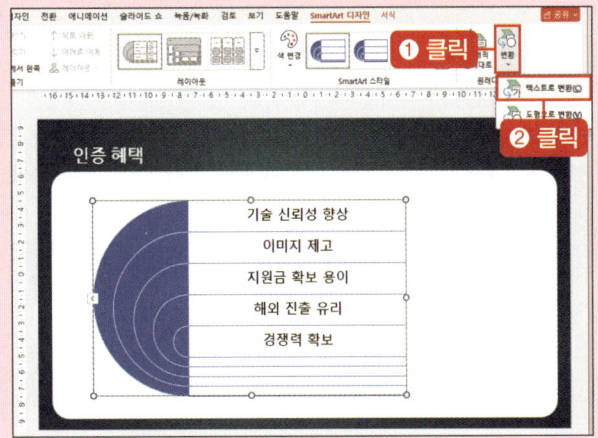
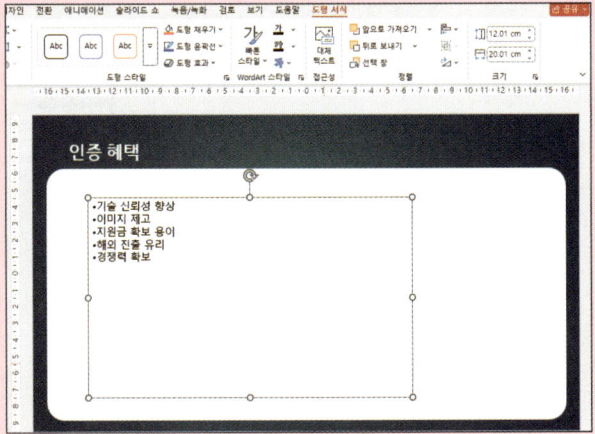

SmartArt를 도형으로 변환하기

SmartArt가 선택된 상태에서 [SmartArt 디자인] 탭–[원래대로] 그룹–[변환]–[도형으로 변환]을 클릭합니다. SmartArt를 도형으로 변환하면 자유로운 개별 편집이 가능합니다.

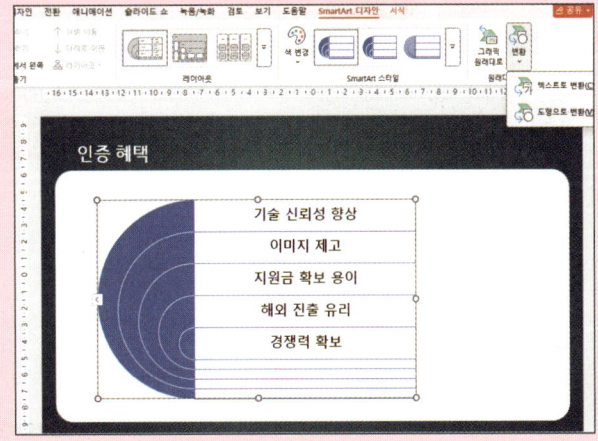
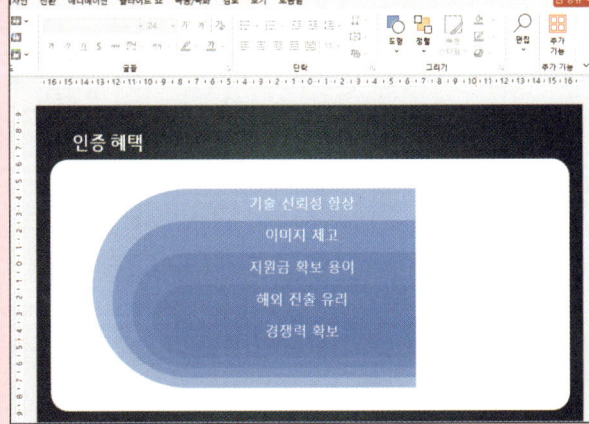

셀프 테스트

1 '순환경제.pptx' 파일을 열어서 1번 슬라이드에 다음과 같이 SmartArt를 삽입해 보세요.

2 1번 문제에 이어서 2번 슬라이드의 텍스트 목록을 SmartArt로 변환해 보세요.

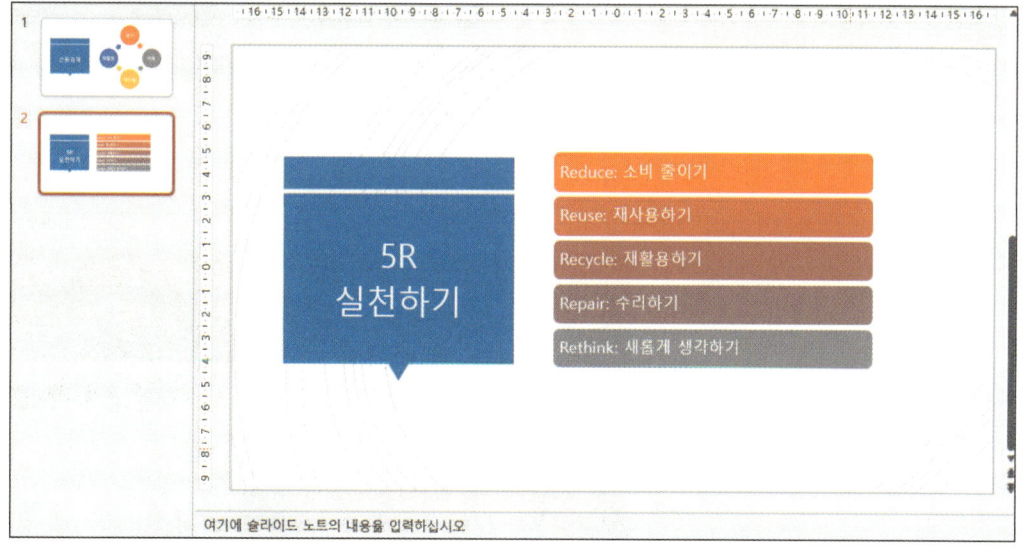

PowerPoint 2021

SECTION 10 표 작성

데이터를 비교하거나 일목요연하게 정리할 때 표를 많이 활용합니다. 슬라이드에 표를 삽입하여 색, 테두리 등의 서식을 적용하는 방법을 알아봅니다.

1 표 삽입하기

1 '대표 제품 비교.pptx' 파일을 엽니다. [삽입] 탭-[표] 그룹-[표]를 클릭한 후 3×4 표를 선택하여 표를 삽입합니다.

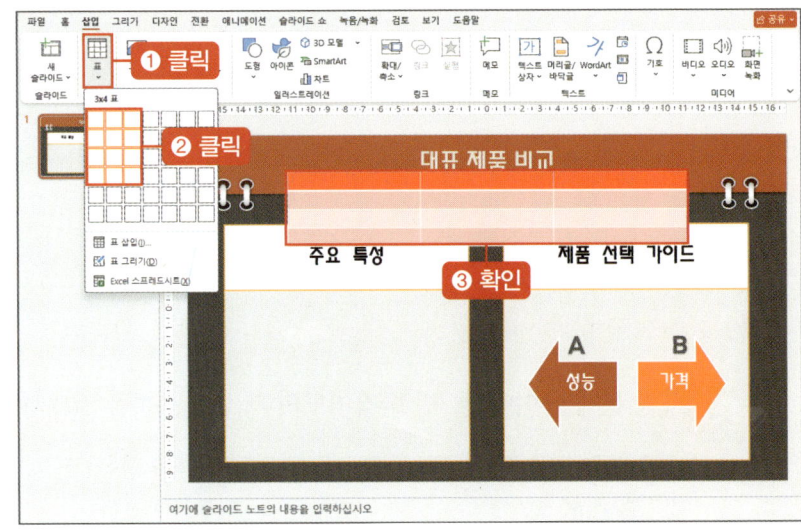

> **TIP** [표 삽입] 대화상자에서 행 개수와 열 개수를 입력하여 표를 삽입할 수 있습니다.

2 삽입된 표에 텍스트를 입력하고 크기를 조절한 후 다음과 같이 배치합니다.

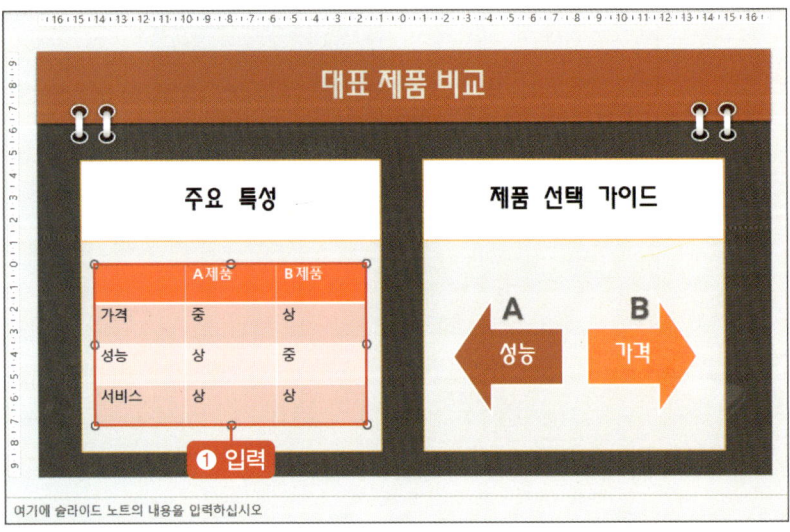

> **TIP** 도형과 마찬가지로 표의 흰색 조절점을 드래그하여 크기를 조절할 수 있습니다.

2 표 서식 설정하기

1 글꼴을 변경하기 위해 표가 선택된 상태에서 [홈] 탭-[글꼴] 그룹에서 글꼴 크기를 [22pt]로 설정합니다. 이어서 [단락] 그룹-[가운데 맞춤]을 클릭합니다.

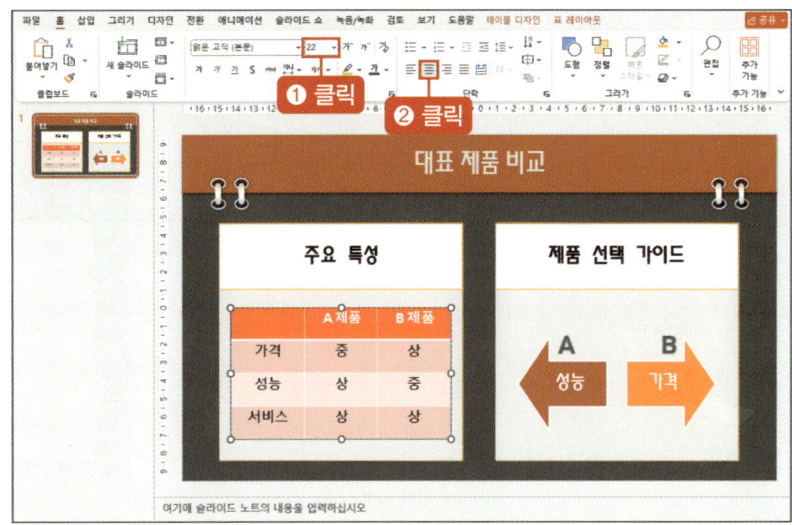

2 이어서 [표 레이아웃] 탭-[맞춤] 그룹-[세로 가운데 맞춤]을 클릭합니다.

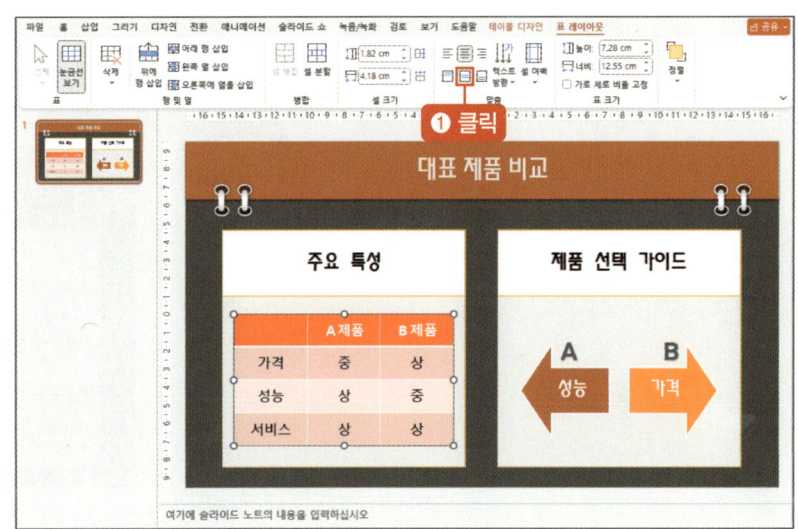

3 스타일을 변경하기 위해 [테이블 디자인] 탭-[표 스타일] 그룹-[표 스타일] 목록-[보통 스타일 2-강조 3]을 선택합니다.

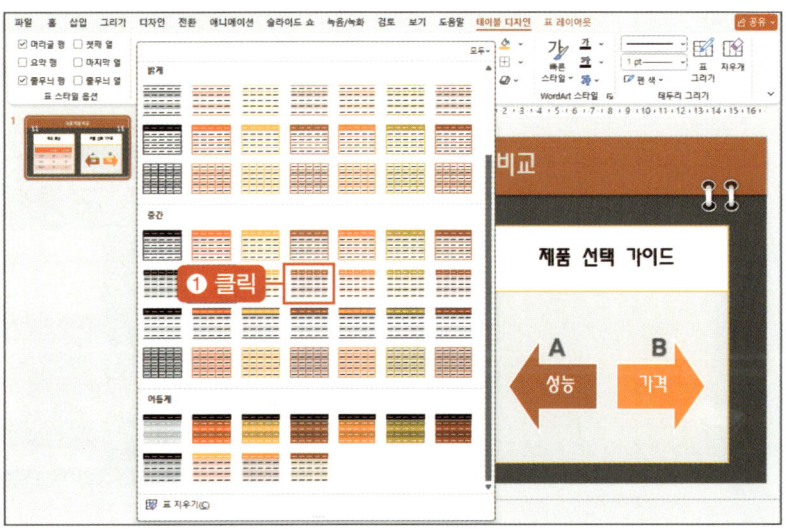

3 표 테두리 변경하기

1 [테이블 디자인] 탭-[테두리 그리기] 그룹-[펜 두께] 목록-[1.5pt], [펜 색] 목록-[주황]으로 설정합니다.

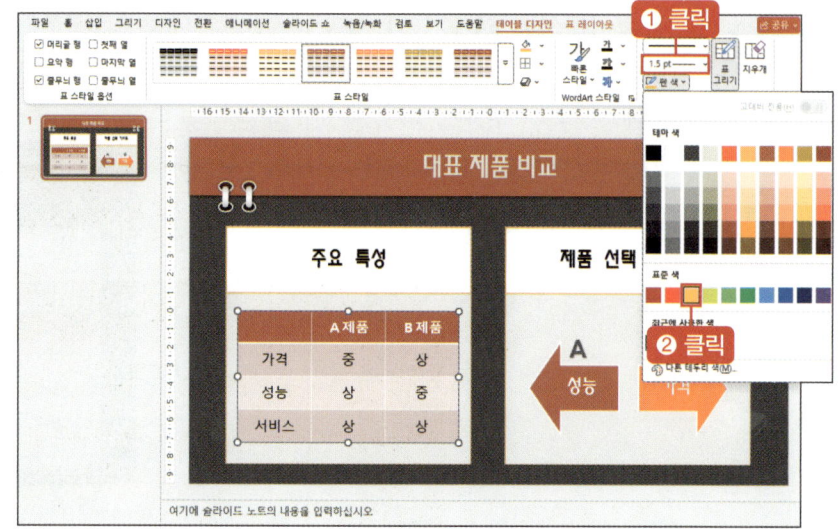

2 바로 이어서 [표 스타일] 그룹-[테두리] 목록을 클릭하여 [바깥쪽 테두리]를 선택합니다.

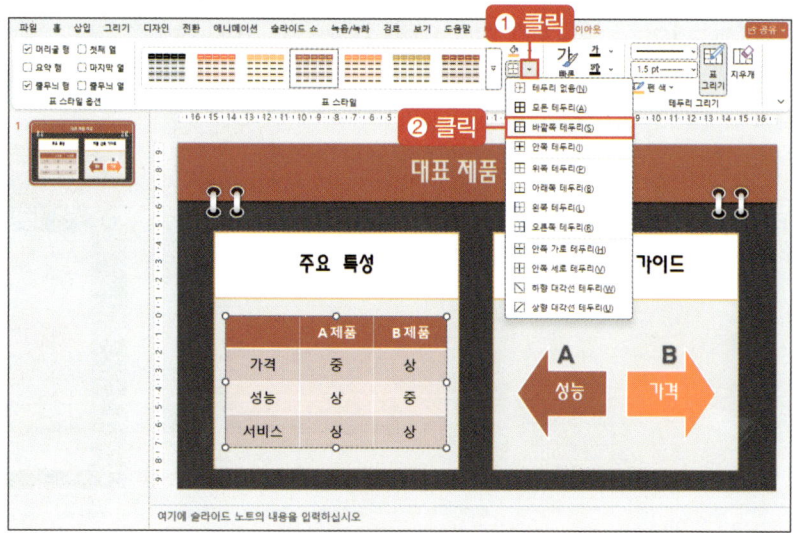

더 알아보기 | 셀 배경색 변경하기

셀을 드래그하여 선택한 후 [테이블 디자인] 탭-[표 스타일] 그룹-[음영] 목록을 클릭하여 원하는 색을 선택합니다.

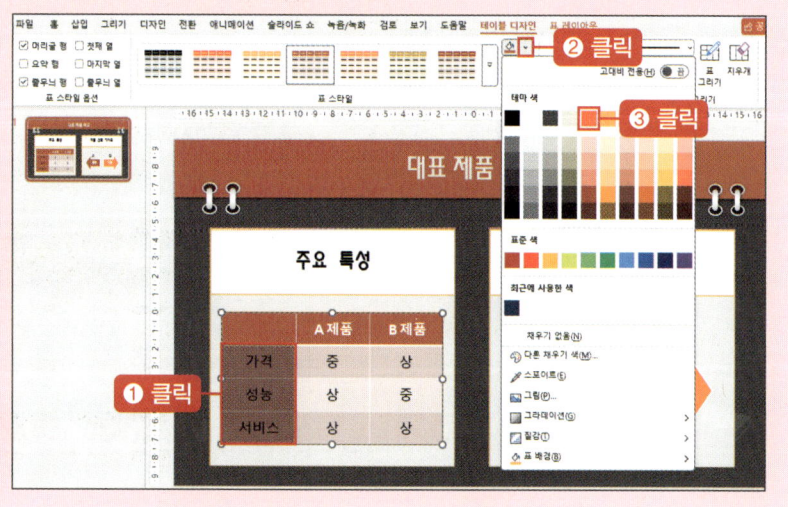

셀프 테스트

1 '놀이공원 요금표.pptx' 파일을 열어서 다음과 같이 표를 삽입해 보세요.

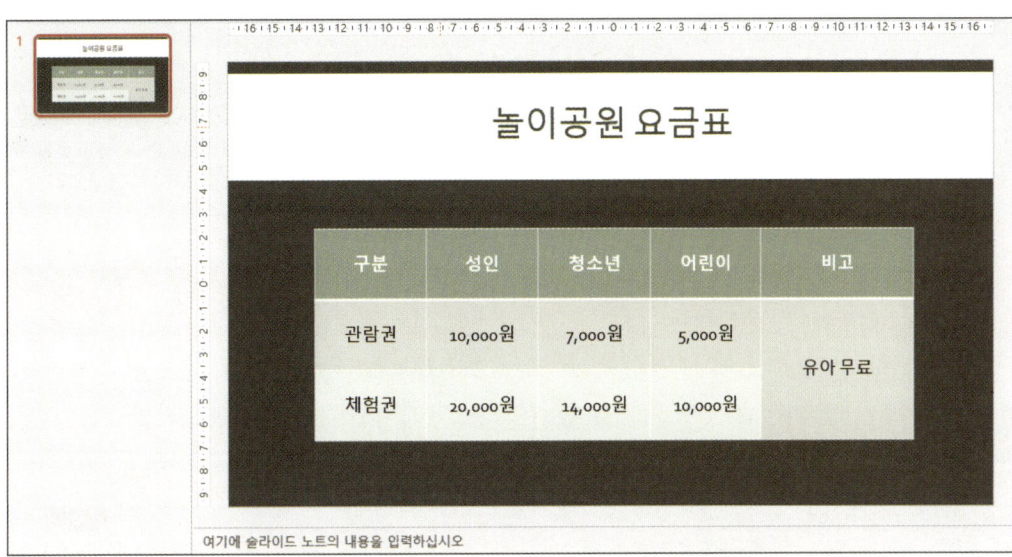

2 1번 문제에 이어서 표 스타일과 테두리를 변경해 보세요.

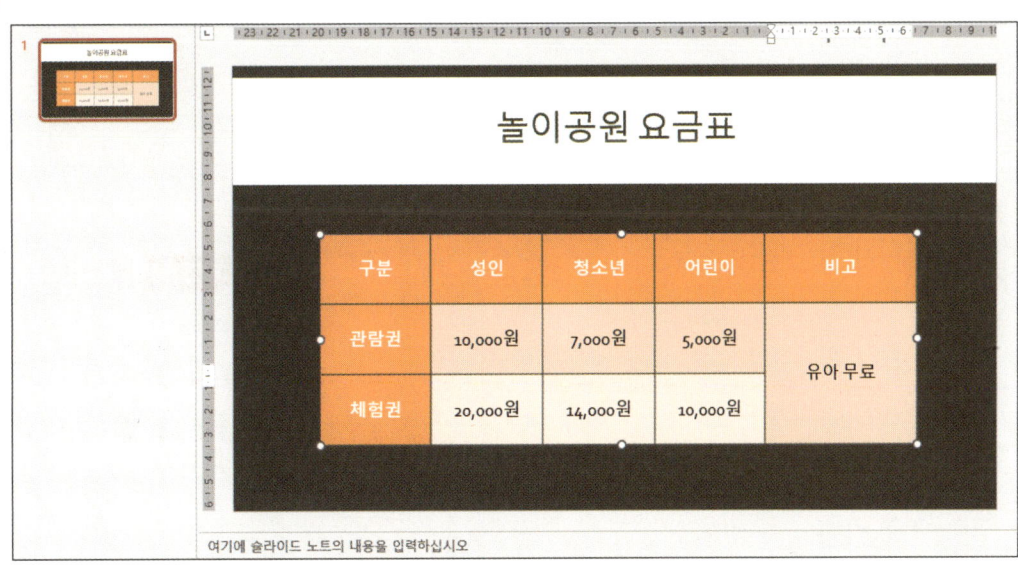

PowerPoint 2021

11 차트 작성
SECTION

파워포인트에서는 막대형, 원형, 선형 등 다양한 형태의 차트를 작성할 수 있습니다. 이 섹션에서는 데이터의 특성에 적합한 차트를 삽입하고 차트 속성과 스타일을 변경하는 방법을 알아봅니다.

1 차트 삽입하기

1 '제품별 매출액.pptx' 파일을 열고 [삽입] 탭-[일러스트레이션] 그룹-[차트]를 클릭합니다. [차트 삽입] 대화상자에서 [세로 막대형]-[묶은 세로 막대형]을 선택하고 [확인]을 클릭합니다.

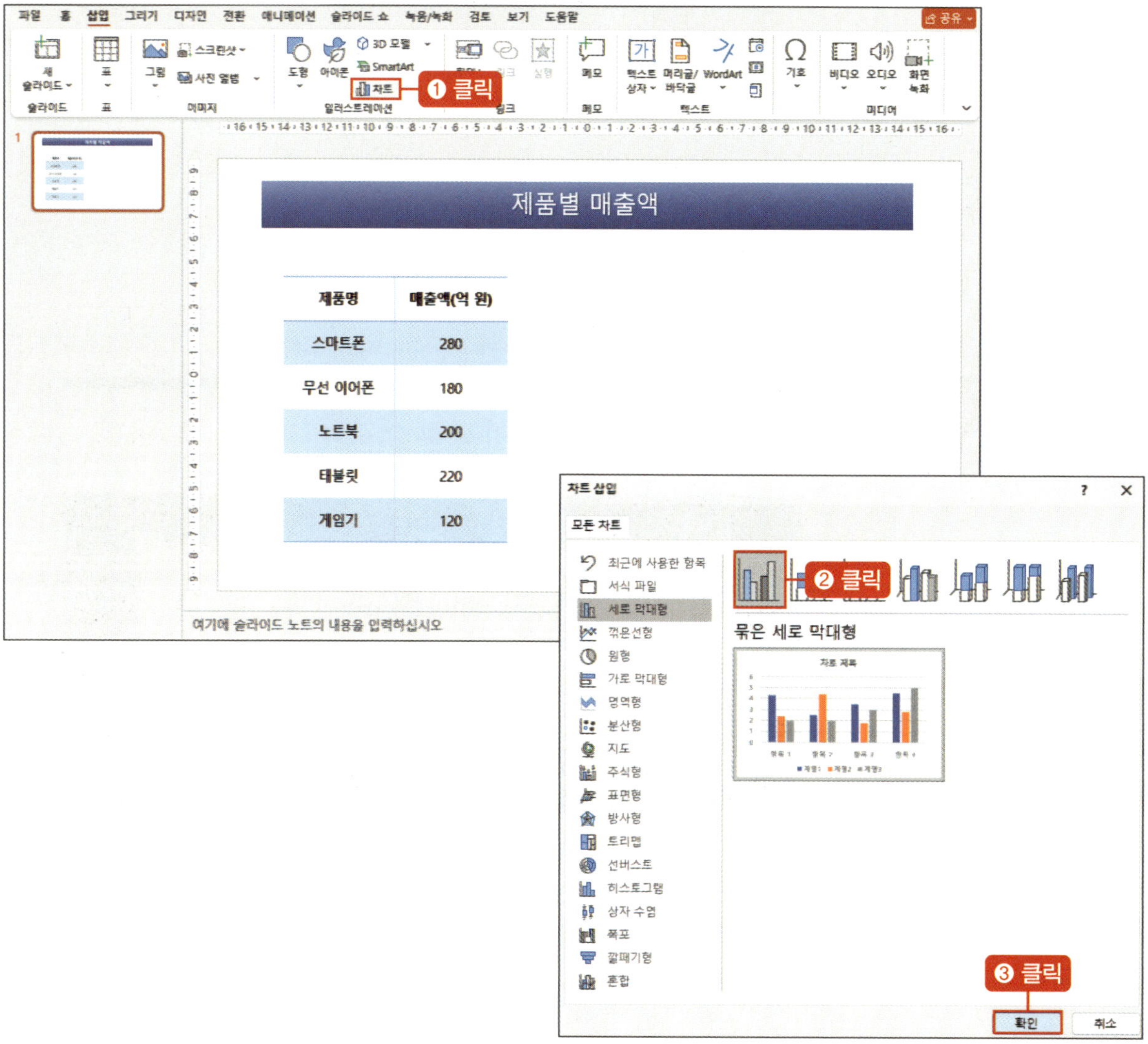

② [Microsoft PowerPoint의 차트] 대화상자가 나타나면 파란색 데이터 영역의 채우기 핸들을 드래그하여 차트로 나타낼 데이터 영역을 지정합니다.

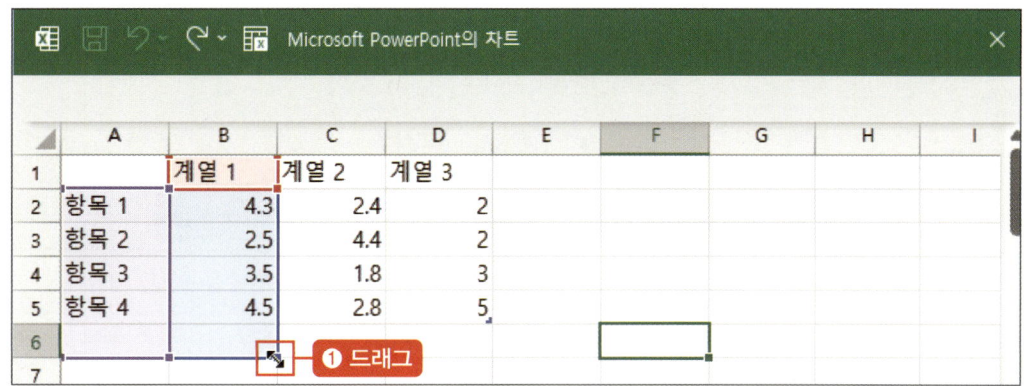

③ 표를 참고하여 데이터를 입력한 후 [닫기(✕)]를 클릭합니다.

④ 슬라이드 가운데에 차트가 삽입됩니다.

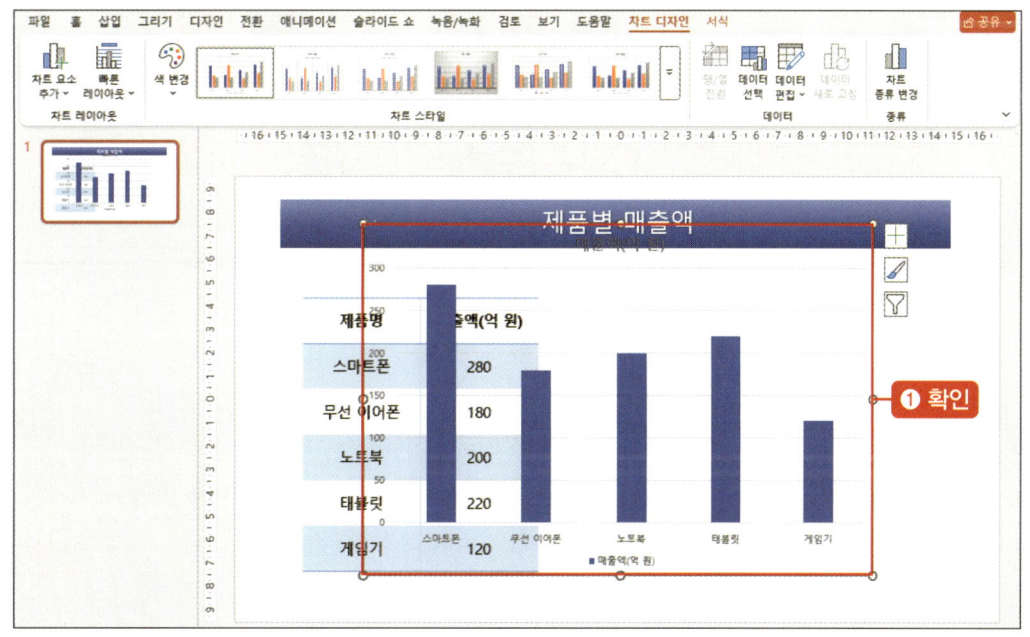

5 차트의 크기를 조절하여 슬라이드 오른쪽에 배치합니다. 차트 제목을 클릭하여 '제품별 매출액'을 입력합니다.

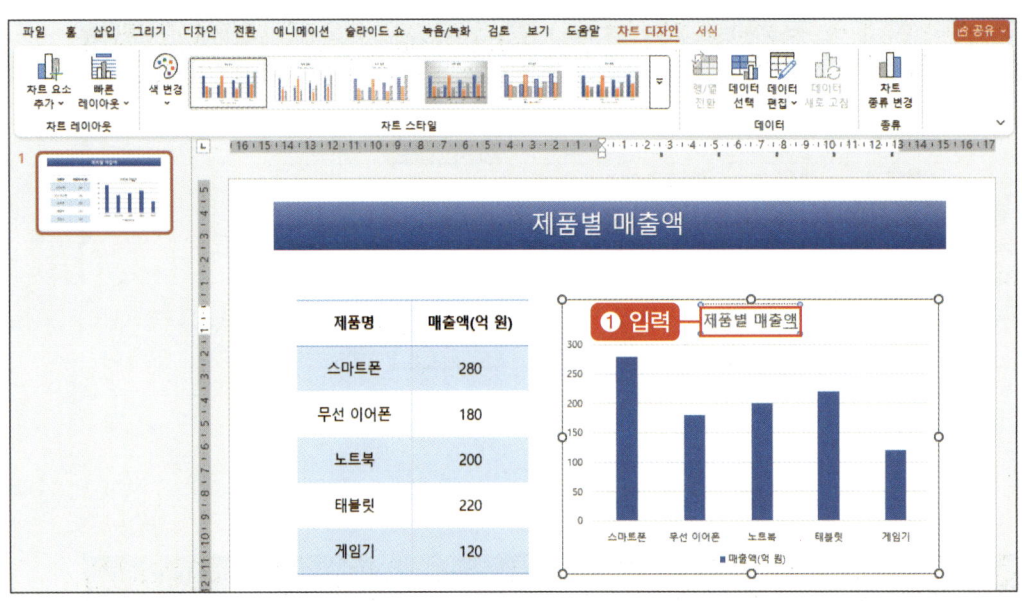

더 알아보기 | 차트 구성 요소

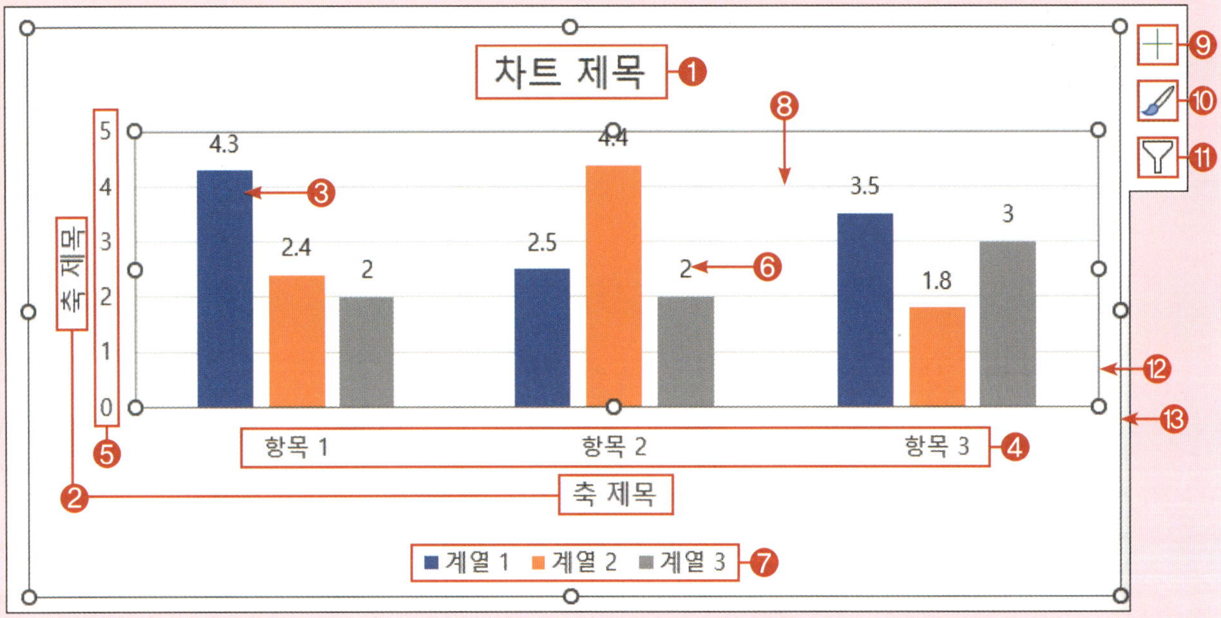

❶ **차트 제목** 차트를 대표하는 제목 표시
❷ **축 제목** 가로축과 세로축의 제목
❸ **데이터 계열** 막대, 선 등으로 표현되는 부분
❹ **(가로축) 항목** 데이터 계열의 이름
❺ **(세로축) 값** 데이터 계열의 값
❻ **데이터 레이블** 데이터 계열의 값을 그림 영역에 표시
❼ **범례** 데이터 계열의 이름표
❽ **눈금선** 주 눈금선과 보조 눈금선 선택 가능
❾ **차트 요소** 차트에 표시할 요소 선택
❿ **차트 스타일** 차트 스타일과 색 변경
⓫ **차트 필터** 차트에 표시할 요소와 이름 편집
⓬ **그림 영역** 가로축과 세로축 안의 영역
⓭ **차트 영역** 차트 전체

2 차트 레이아웃 및 요소 변경하기

1 차트가 선택된 상태에서 [차트 디자인] 탭-[차트 레이아웃] 그룹-[빠른 레이아웃]-[레이아웃 3]을 선택합니다.

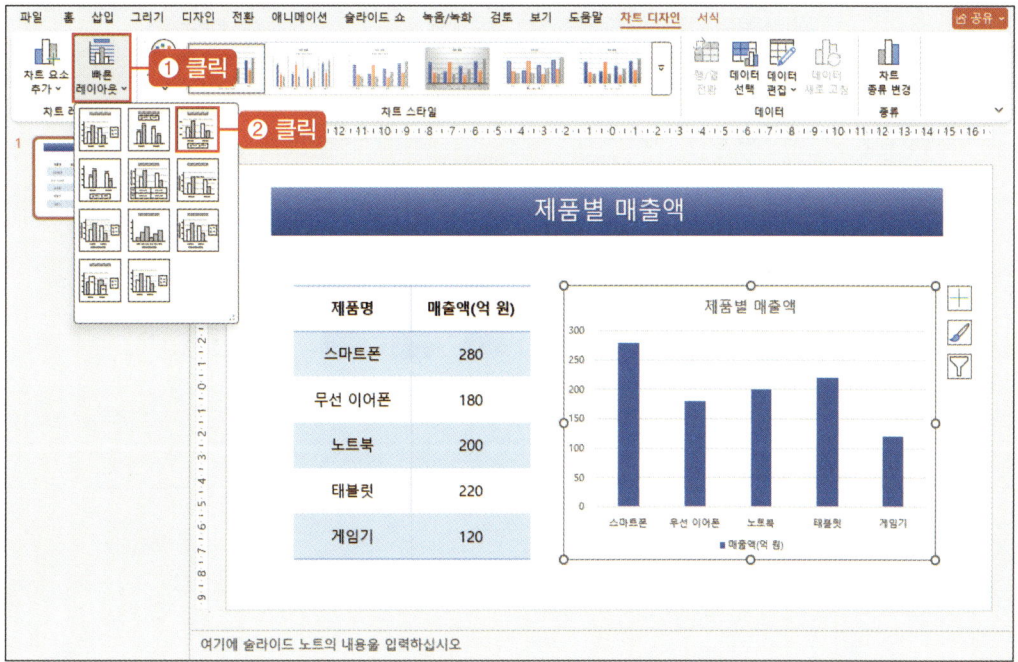

2 눈금선과 범례 대신 데이터 레이블을 차트에 표시하기 위해 [차트 요소]를 클릭합니다. [차트 요소]에서 [데이터 레이블]을 체크하고, [눈금선]과 [범례]는 체크 해제합니다.

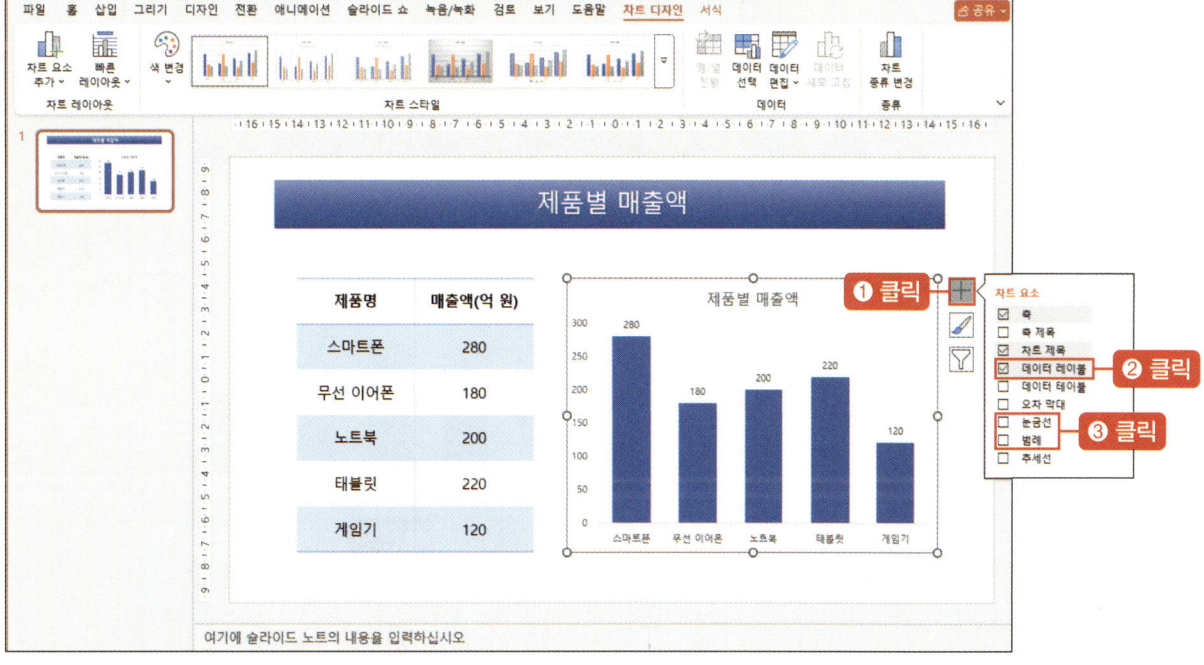

3 이어서 세로축 값을 삭제하기 위해 [차트 요소]에서 [축]-[기본 세로]를 체크 해제합니다.

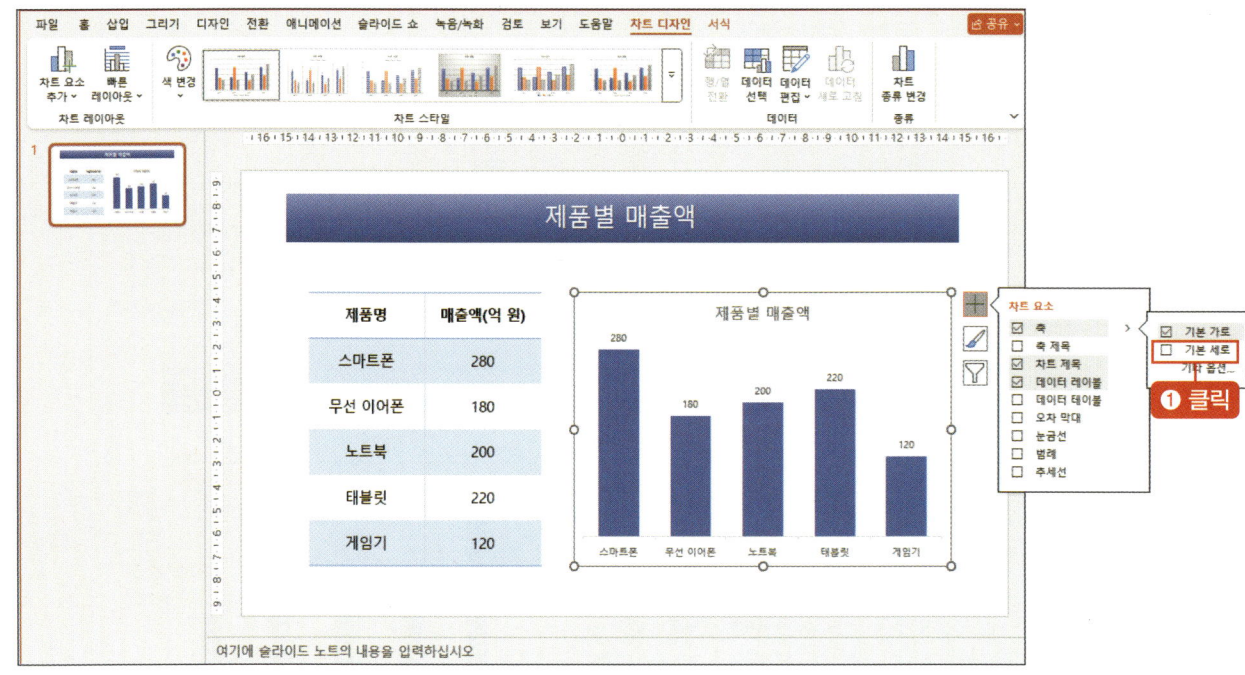

더 알아보기 차트의 글꼴 서식 변경하기

항목을 클릭한 후 [홈] 탭-[글꼴] 그룹에서 글꼴, 글꼴 크기 등을 선택하여 변경할 수 있습니다.

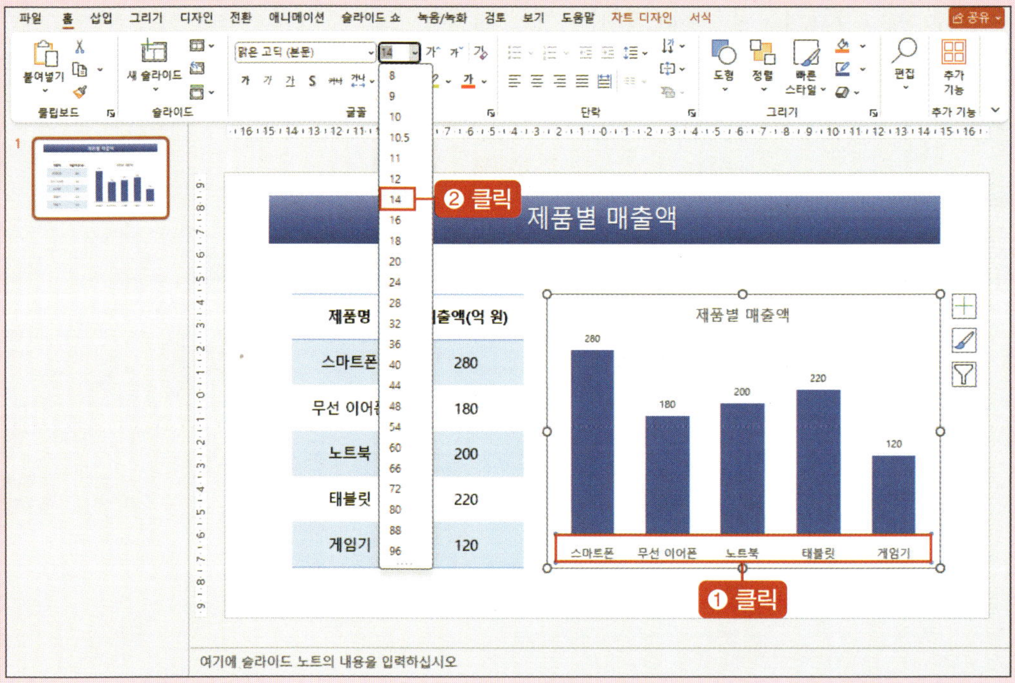

3 차트 스타일 설정하기

1 차트 오른쪽에 있는 [차트 스타일]을 클릭한 후 [색] 탭에서 [다양한 색상표 3]을 선택합니다.

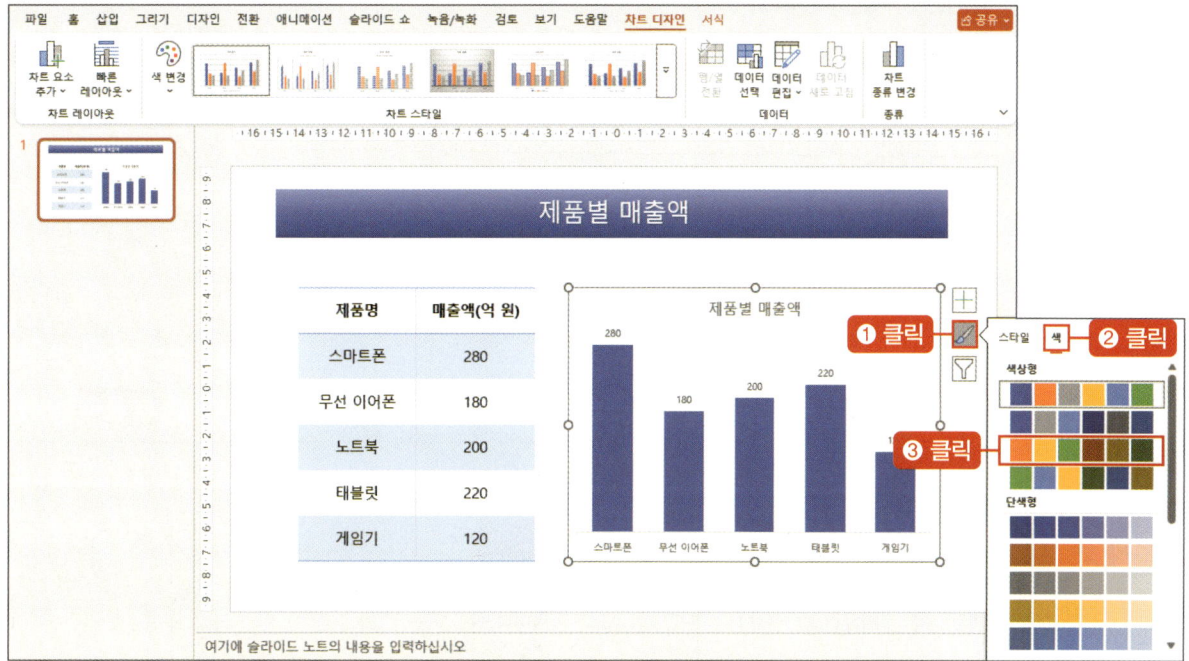

TIP [차트 디자인] 탭-[차트 스타일] 그룹-[색 변경]을 클릭하여 동일한 작업을 수행할 수 있습니다.

2 차트의 색이 변경됩니다. 이번에는 빠르게 차트 스타일을 변경하기 위해 [차트 디자인] 탭-[차트 스타일] 그룹-[빠른 스타일] 목록(▼)을 클릭한 후 [스타일 5]를 선택합니다.

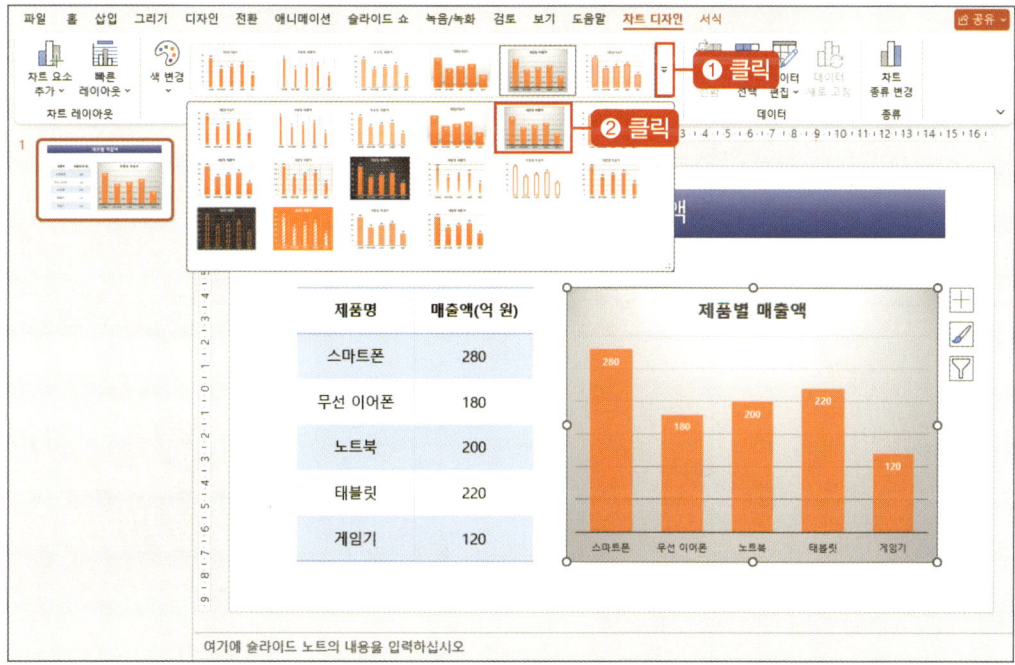

4 차트 종류 변경하기

1 차트를 선택한 후 [차트 디자인] 탭-[종류] 그룹-[차트 종류 변경]을 클릭합니다.

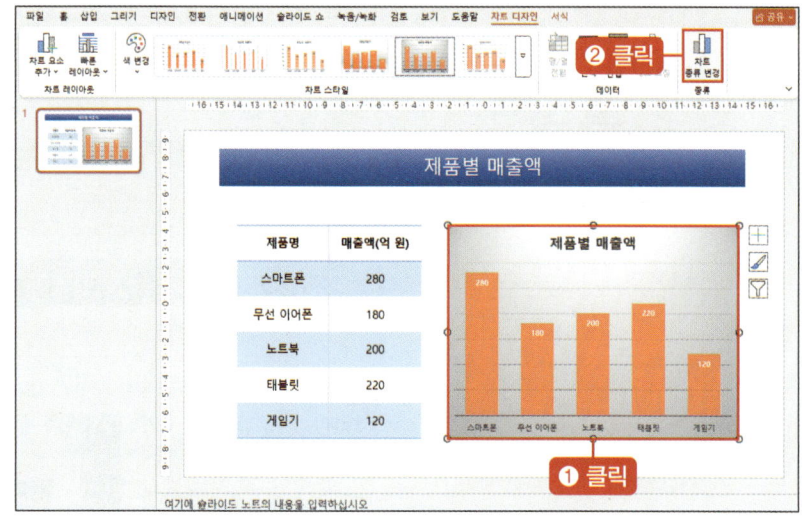

2 [차트 종류 변경] 대화상자에서 [가로 막대형]-[묶은 가로 막대형]을 선택한 후 [확인]을 클릭합니다.

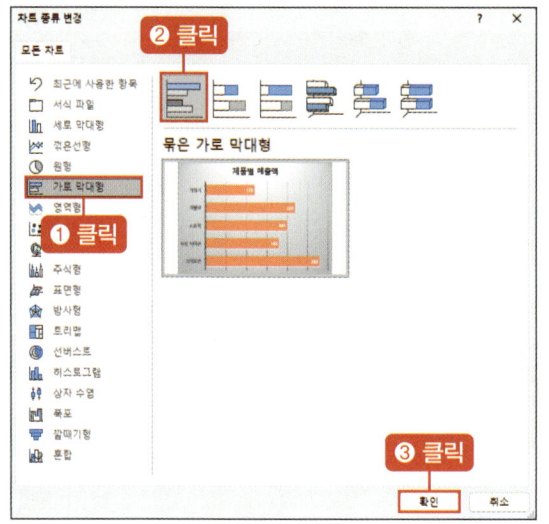

3 차트가 변경됩니다. 이전 차트에 적용했던 차트 요소는 그대로 유지됩니다.

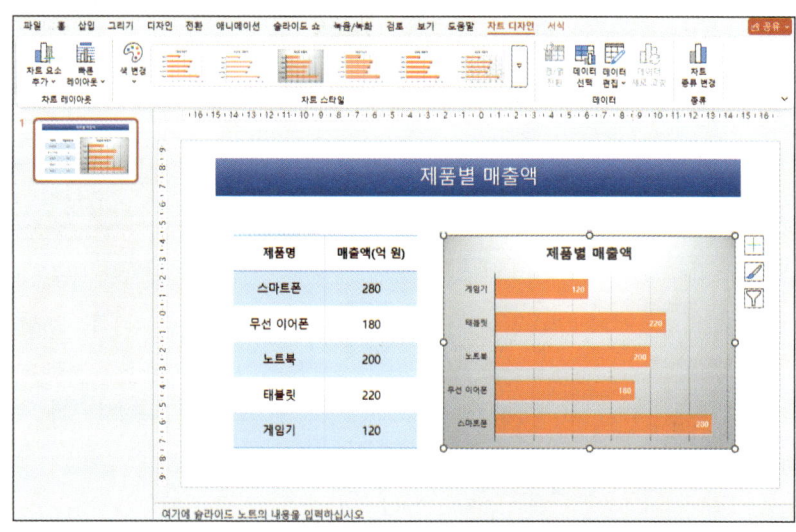

셀프 테스트

1 '시장 점유율.pptx' 파일을 열어서 삽입된 표의 데이터를 참조하여 차트를 삽입해 보세요.

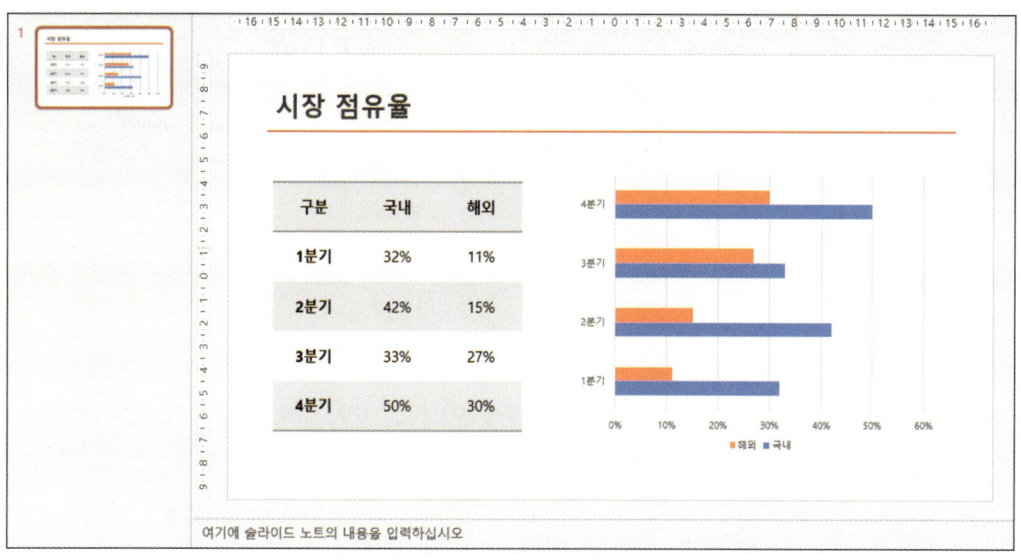

2 1번 문제에 이어서 차트 종류와 스타일을 변경해 보세요.

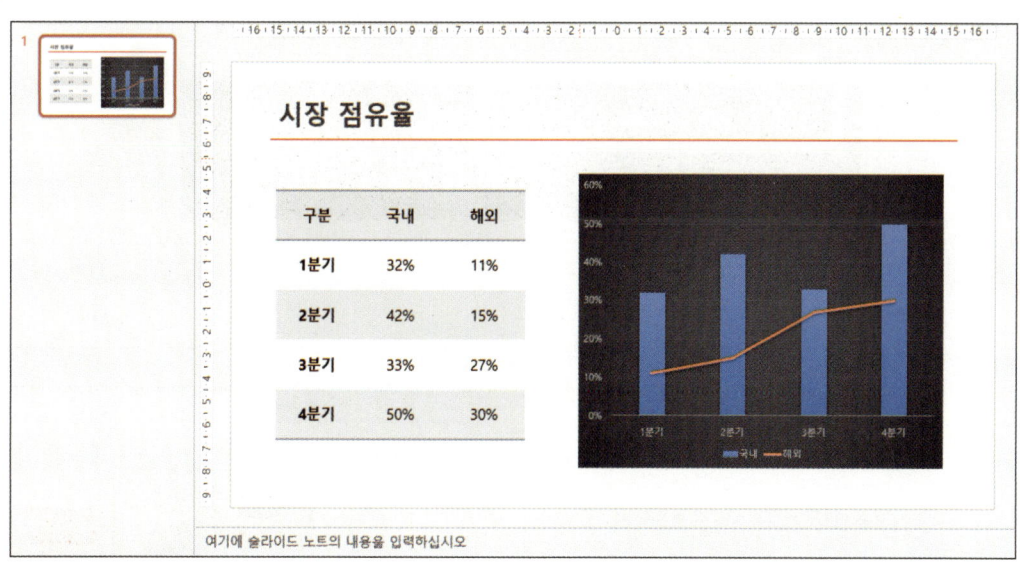

차트 스타일 빠른 스타일-스타일 6

PowerPoint 2021

12 이미지 삽입과 편집
SECTION

이미지는 긴 설명을 대신할 만큼 메시지 전달력이 강합니다. 이 섹션에서는 이미지를 삽입하고 편집하는 방법을 알아봅니다.

1 이미지 삽입하기

1 '반려동물 돌봄 교육.pptx' 파일을 엽니다. 1번 슬라이드에 이미지를 삽입하기 위해 [삽입] 탭-[이미지] 그룹-[그림]-[이 디바이스]를 클릭합니다.

2 [그림 삽입] 대화상자가 열리면 '반려동물.jpg'를 선택하고 [삽입]을 클릭합니다.

③ 슬라이드에 이미지가 삽입됩니다.

> **더 알아보기** 온라인 이미지 삽입하기
>
> 온라인 이미지는 [삽입] 탭–[이미지] 그룹–[그림]–[온라인 그림]을 클릭한 후 [온라인 그림] 대화상자가 열리면 Bing 검색을 활용해서 삽입할 수 있습니다. 예를 들어 '해바라기'를 입력하면 다양한 해바라기 이미지가 검색됩니다. 이때 필터(▽)를 클릭하여 검색 조건을 설정할 수 있습니다.

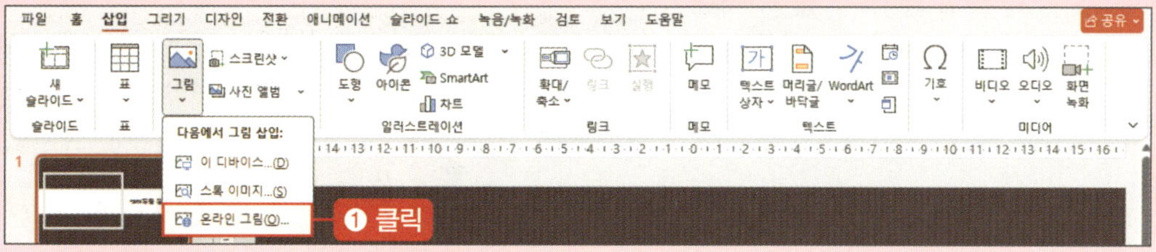

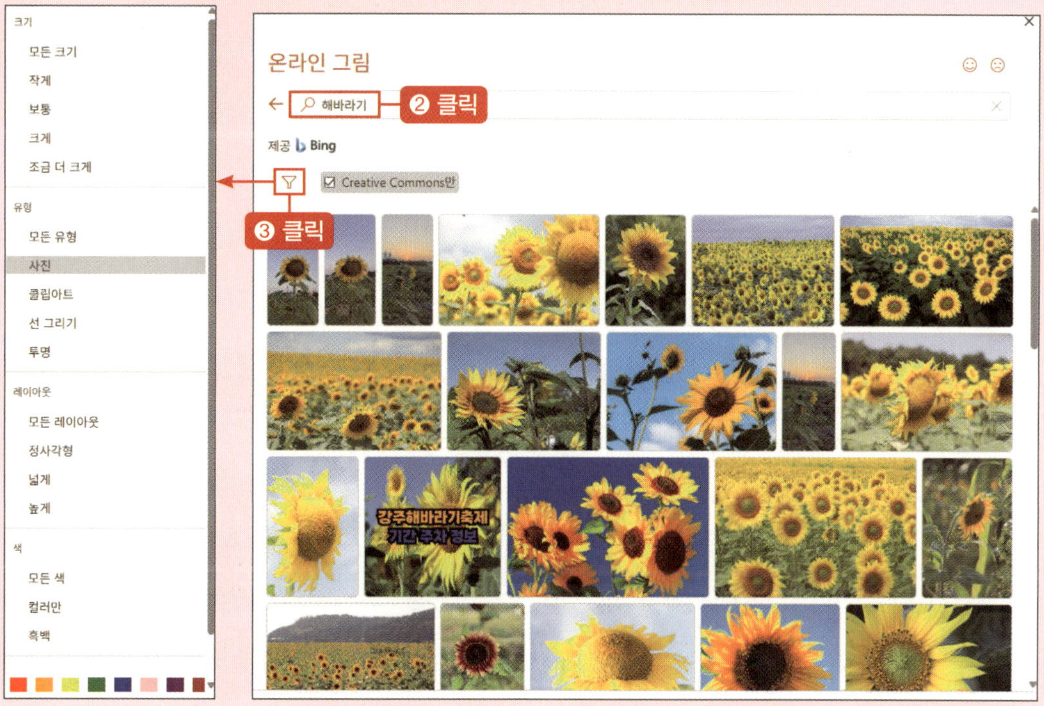

2 이미지 자르기

1. 이미지를 선택하고 [그림 서식] 탭-[크기] 그룹-[자르기]를 클릭합니다. 이미지에 자르기 핸들이 표시됩니다.

2. 자르기 핸들을 드래그하여 불필요한 부분을 잘라냅니다.

3. 자르기가 끝나면 Esc 키를 누르거나 이미지 바깥 부분을 클릭하여 자르기 상태를 해제한 후 액자 모양 도형 안에 들어가도록 드래그하여 배치합니다.

4 이미지의 잘린 영역을 완전히 제거하여 파일 용량을 줄일 수 있습니다. 잘라내고 남은 이미지를 선택한 상태에서 [그림 서식] 탭-[조정] 그룹-[그림 압축]을 클릭합니다. [그림 압축] 대화상자가 나타나면 압축 옵션을 모두 체크하고 [확인]을 누릅니다.

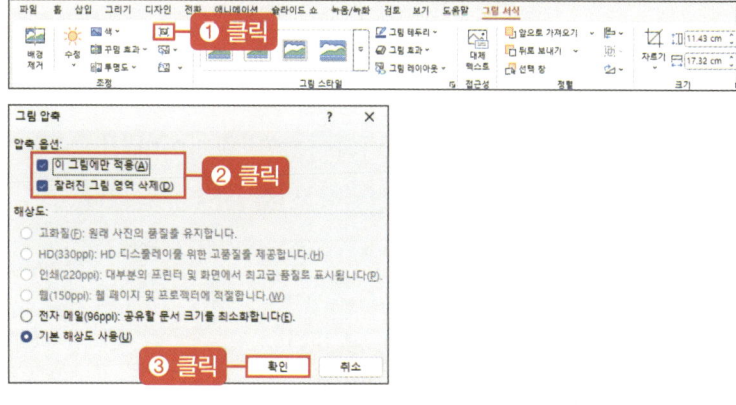

더 알아보기 | 사진 앨범 만들기

여러 장의 사진을 한꺼번에 삽입하고 정렬하여 앨범을 만들 수 있습니다.

1 새 프레젠테이션에서 [삽입] 탭-[이미지] 그룹-[사진 앨범]을 클릭합니다. [사진 앨범] 대화상자가 열리면 [파일/디스크]를 클릭한 다음, [새 그림 삽입] 대화상자에서 이미지를 모두 선택하고 [삽입]을 클릭합니다.

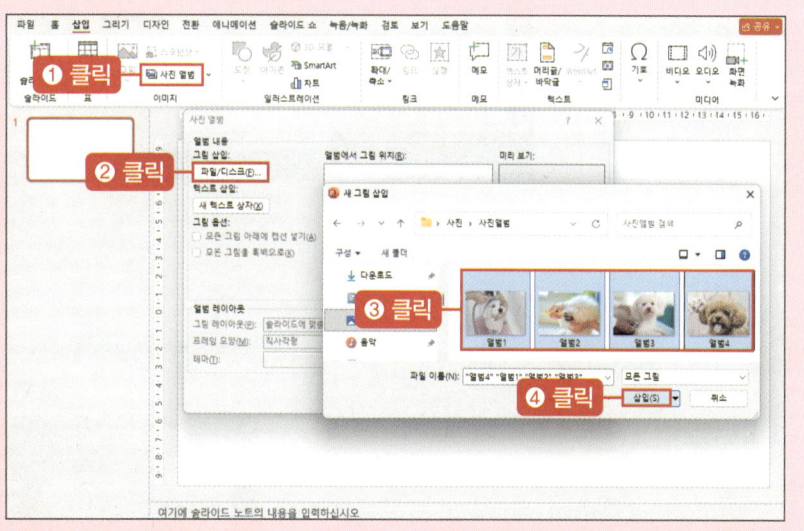

2 [사진 앨범] 대화상자에서 [앨범 레이아웃]-[그림 레이아웃]-[그림 4개]를 선택하고 [만들기]를 클릭합니다. 제목 슬라이드와 이미지가 4개 들어간 앨범이 완성됩니다.

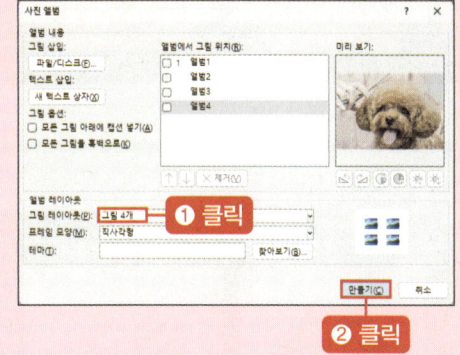

3 이미지 교체하기

1 2번 슬라이드를 선택합니다. [삽입] 탭-[이미지] 그룹-[그림]-[이 디바이스]를 클릭한 후 [그림 삽입] 대화상자에서 '개.jpg'를 선택하고 [삽입]을 누릅니다.

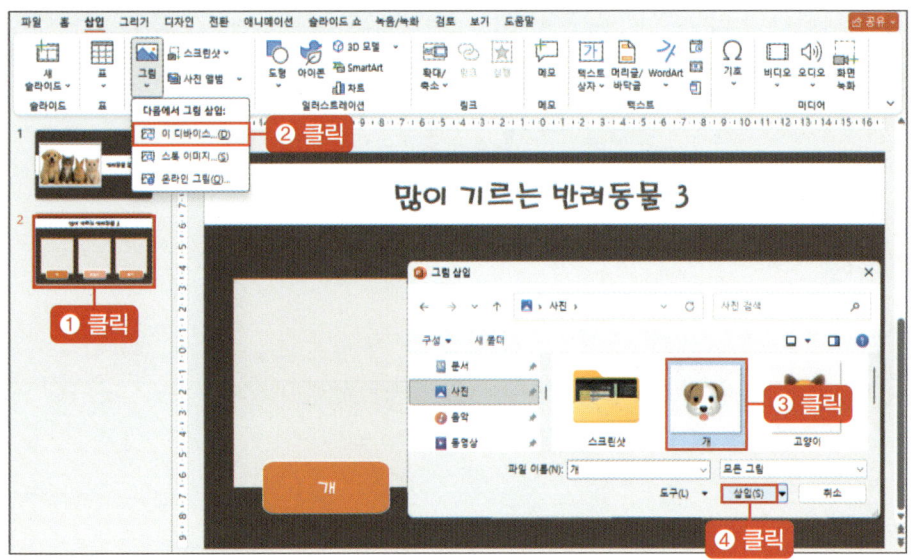

2 삽입된 이미지를 '개' 이름 위의 상자에 배치한 후 Ctrl + Shift 키를 누른 상태에서 이미지를 오른쪽으로 드래그하여 복사합니다. 한 번 더 복사하여 세 개의 이미지를 나란히 배치합니다.

3 두 번째와 세 번째 이미지를 고양이와 토끼로 교체하기 위해 두 번째 이미지를 선택한 후 마우스 오른쪽 버튼을 클릭하여 [그림 바꾸기]-[이 디바이스]를 클릭합니다.

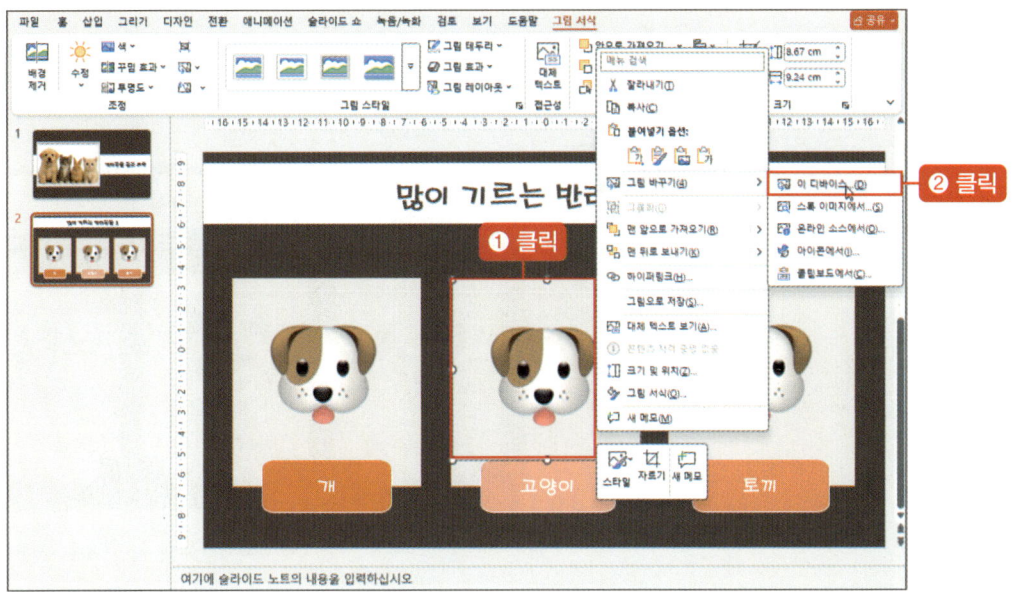

4 [그림 삽입] 대화상자가 나타나면 '고양이.jpg'를 선택하고 [삽입]을 클릭합니다.

5 두 번째 이미지가 고양이로 교체되었습니다. 같은 방법으로 세 번째 이미지를 '토끼.jpg'로 교체합니다.

4 투명 배경 이미지 만들기

1 삽입된 이미지의 배경을 제거하기 위해 개 이미지를 선택한 후 [그림 서식] 탭-[조정] 그룹-[배경 제거]를 클릭합니다.

2 제거될 영역이 보라색으로 표시됩니다. [배경 제거] 탭-[닫기] 그룹-[변경 내용 유지]를 클릭합니다. 배경이 투명하게 변경됩니다.

3 같은 방법으로 고양이와 토끼 이미지의 배경도 투명하게 만듭니다.

셀프 테스트

1 '문화유산 답사 보고서.pptx' 파일을 열어서 이미지 삽입과 자르기 기능을 사용하여 다음과 같이 작성해 보세요.

이미지 문화유산1.jpg

2 1번에서 삽입한 이미지를 복사한 다음, 그림 바꾸기 기능을 사용하여 그림을 교체해 보세요.

이미지 문화유산2.jpg, 문화유산3.jpg

PowerPoint 2021

13 슬라이드 마스터 디자인
SECTION

슬라이드 마스터는 슬라이드의 배경, 바닥글, 글꼴 등의 서식을 한 곳에서 통합 관리할 수 있는 도구입니다. 소개서, 보고서와 같은 문서에서 슬라이드 마스터를 활용하여 일관된 디자인을 유지할 수 있습니다.

1 슬라이드 마스터 설정하기

1 '생각의 힘.pptx' 파일을 열어서 [보기] 탭-[마스터 보기] 그룹-[슬라이드 마스터]를 클릭합니다.

TIP 슬라이드 마스터를 설정하기 전과 후의 문서를 비교하기 위해 텍스트가 삽입된 예제를 사용하였습니다. 슬라이드 마스터를 먼저 설정한 후 문서를 작성할 수 있습니다.

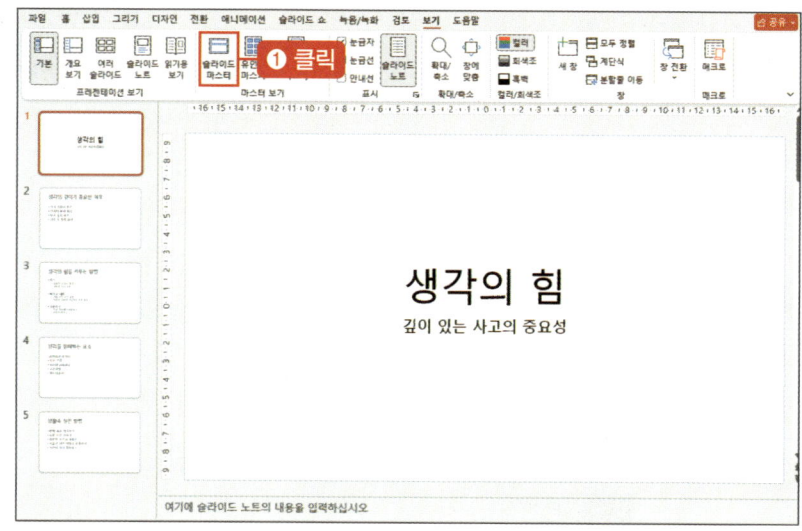

2 왼쪽의 슬라이드 축소 창에서 [Office 테마 슬라이드 마스터]를 선택합니다. 제목 틀을 클릭한 후 [홈] 탭-[글꼴] 그룹-[38pt, 굵게]로 설정합니다.

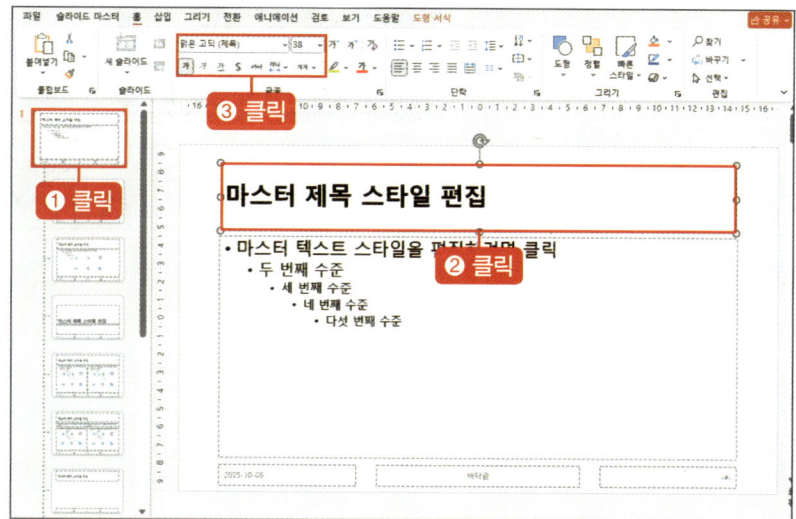

3 이어서 색을 채우기 위해 [도형 서식] 탭-[도형 스타일] 그룹-[도형 채우기]-[연한 녹색]을 클릭합니다.

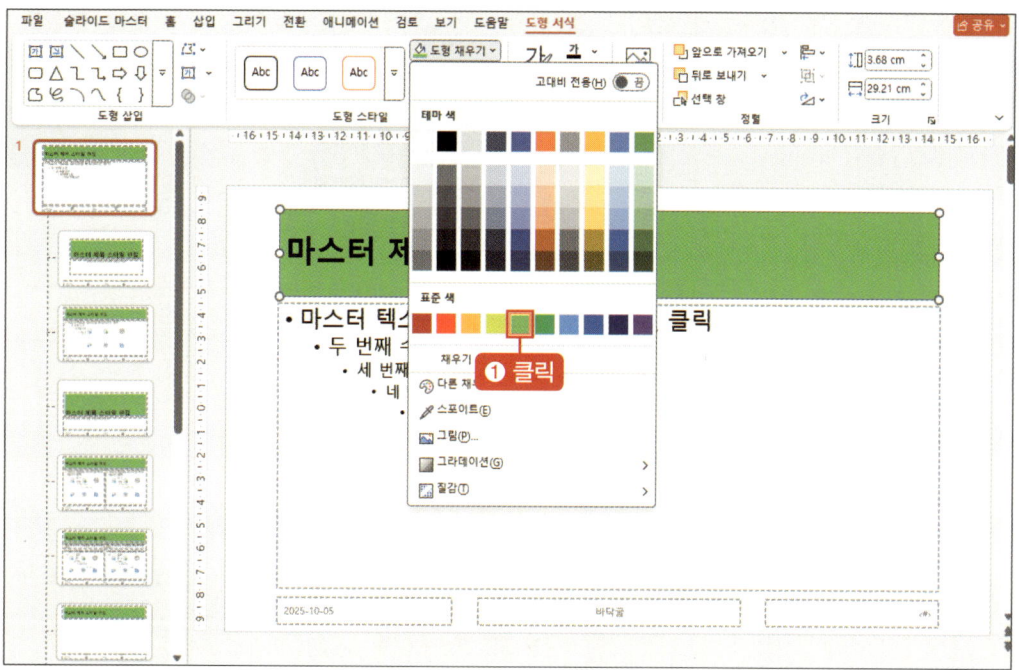

> **더 알아보기** 슬라이드 마스터와 레이아웃 마스터

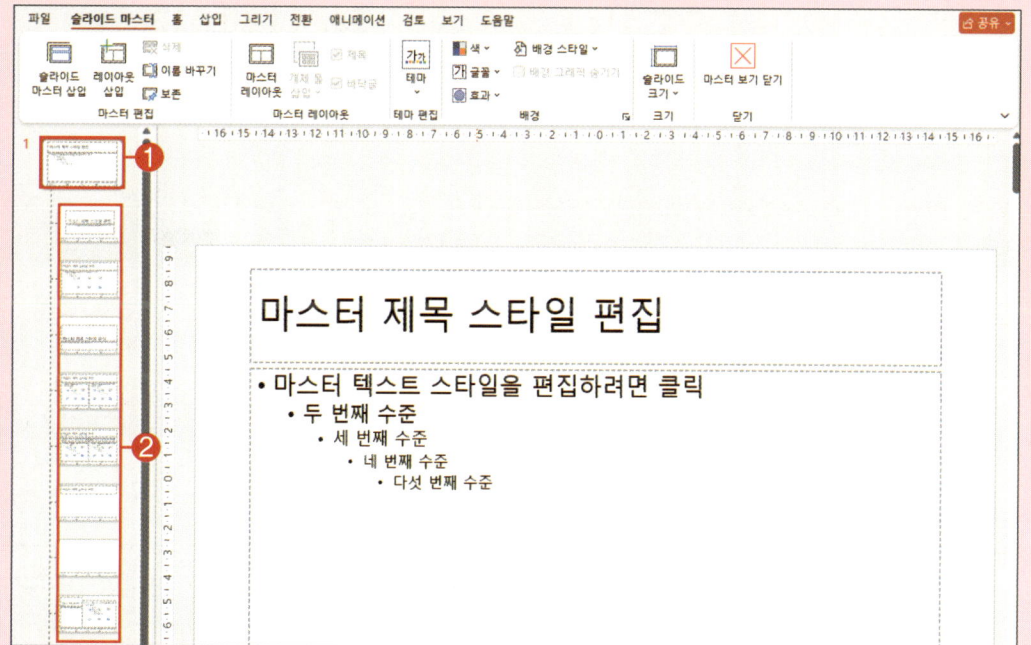

❶ **슬라이드 마스터**
새 프레젠테이션을 시작하면 Office 테마 슬라이드 마스터가 자동으로 적용됩니다. 슬라이드 마스터에서 배경, 글꼴 등을 수정하면 전체 레이아웃 마스터에 한꺼번에 적용됩니다.

❷ **레이아웃 마스터**
제목 슬라이드, 비교 슬라이드, 구역 슬라이드 등 기본적으로 11개의 레이아웃 마스터가 포함됩니다.

④ 내용 틀의 글머리 기호를 변경하기 위해 첫 번째 줄을 선택합니다. [홈] 탭-[단락] 그룹-[글머리 기호]-[속이 찬 다이아몬드형 글머리 기호]를 클릭합니다.

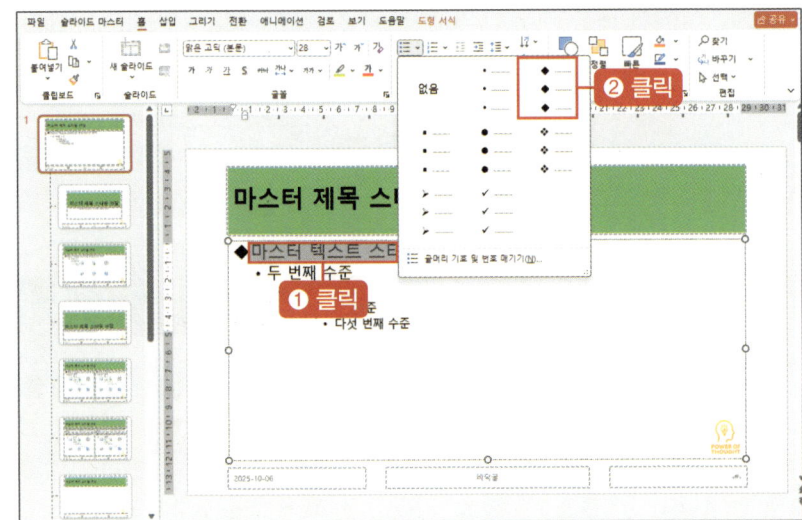

⑤ 보고서 등을 작성할 때 로고를 삽입할 수 있습니다. [삽입] 탭-[이미지] 그룹-[그림]-[이 디바이스]를 클릭합니다. [그림 삽입] 대화상자가 열리면 '로고.png' 파일을 선택한 후 [삽입]을 클릭합니다.

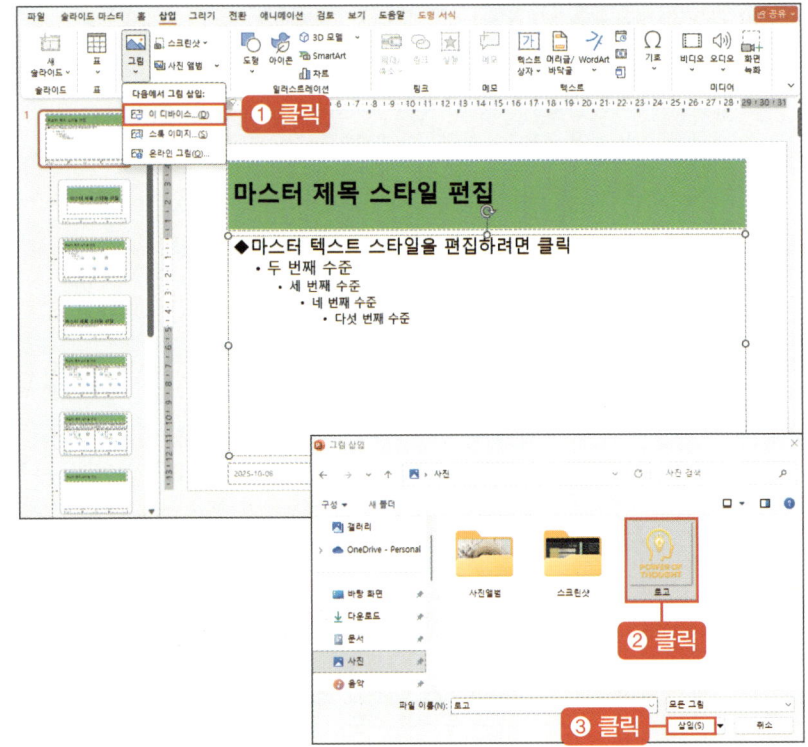

⑥ 삽입한 로고의 크기를 조절하고 오른쪽 아래에 드래그하여 배치합니다.

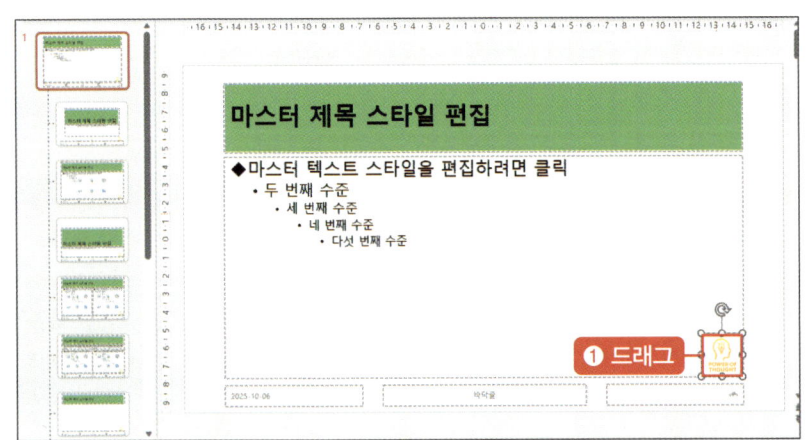

2 특정 슬라이드의 마스터 서식 변경하기

① 제목 슬라이드의 배경 서식을 변경하기 위해 슬라이드 축소 창에서 [제목 슬라이드 레이아웃]을 선택합니다. [슬라이드 마스터] 탭-[배경] 그룹-[배경 서식]을 클릭하면 오른쪽에 [배경 서식] 창이 나타납니다.

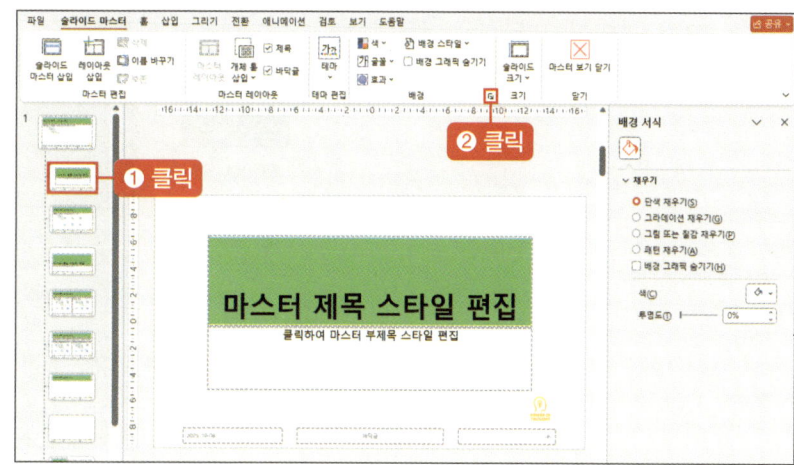

② [배경 서식] 창에서 [채우기]-[단색 채우기]를 클릭하고 [색]-[녹색, 강조 6, 25% 더 어둡게]를 선택합니다.

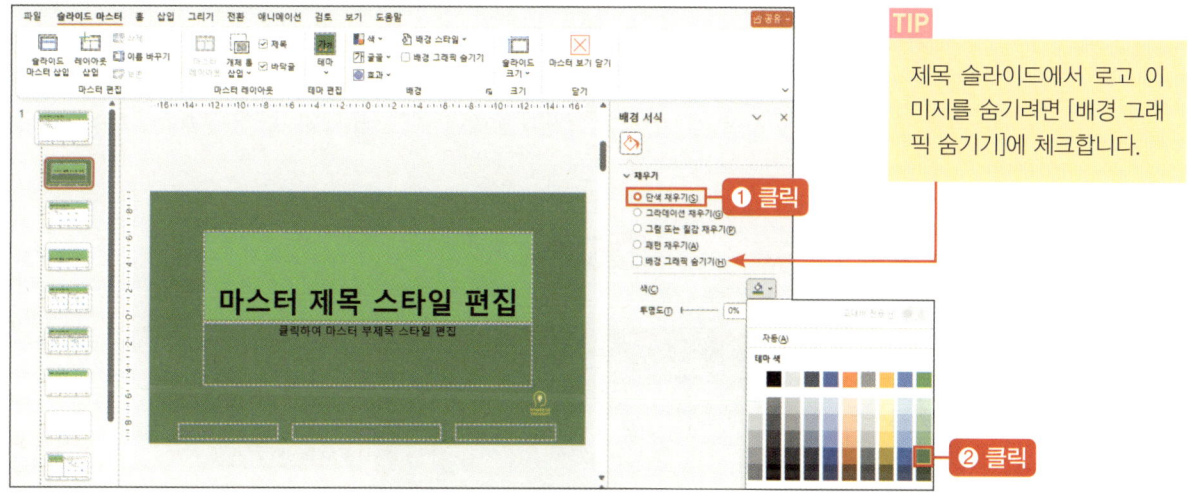

TIP 제목 슬라이드에서 로고 이미지를 숨기려면 [배경 그래픽 숨기기]에 체크합니다.

③ 제목 틀을 선택한 후 [홈] 탭-[글꼴] 그룹-[글꼴 색]-[흰색]을 클릭하고, [단락] 그룹-[텍스트 맞춤]-[중간]으로 설정합니다. [배경 서식] 창을 닫습니다.

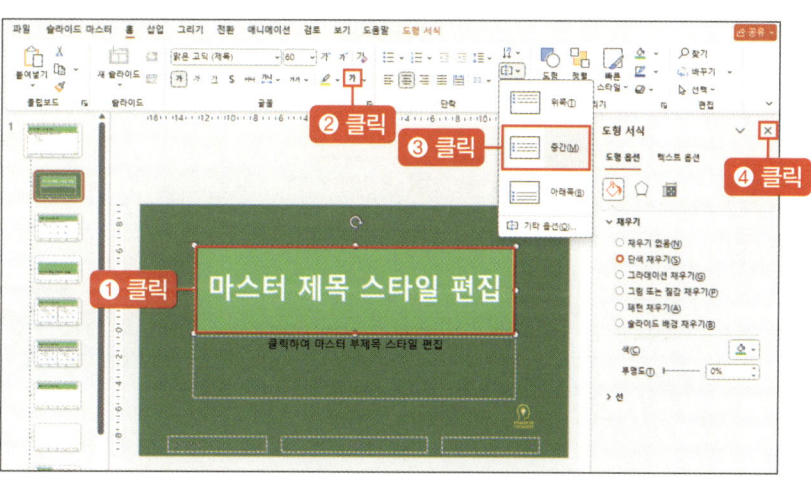

④ [슬라이드 마스터] 탭-[닫기] 그룹-[마스터 보기 닫기]를 클릭하여 슬라이드에 적용된 디자인을 확인합니다.

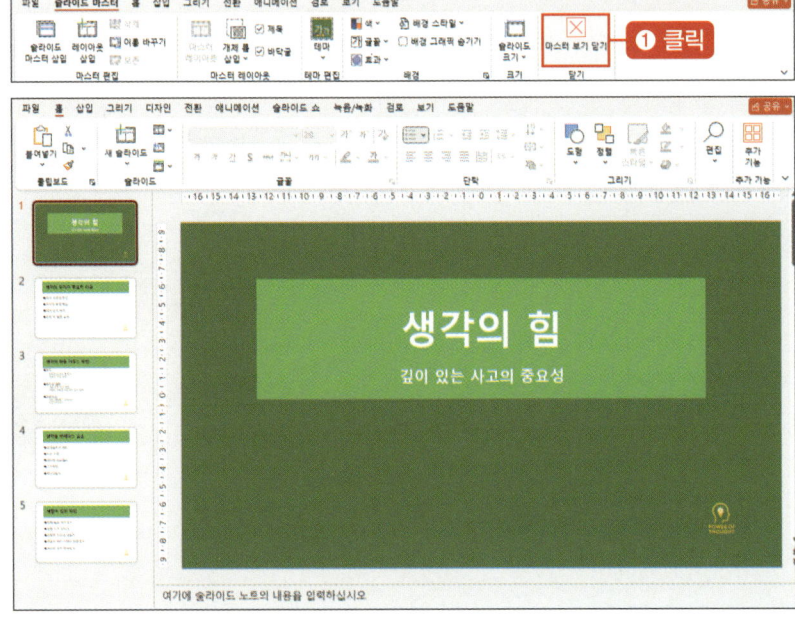

더 알아보기 | 슬라이드 번호 넣기

① [삽입] 탭-[텍스트] 그룹-[슬라이드 번호 삽입]을 클릭한 후 [머리글/바닥글] 대화상자에서 [슬라이드 번호]를 체크합니다. 제목 슬라이드에 페이지 번호를 숨기려면 [제목 슬라이드에는 표시 안 함]을 체크하고 [모두 적용]을 클릭합니다.

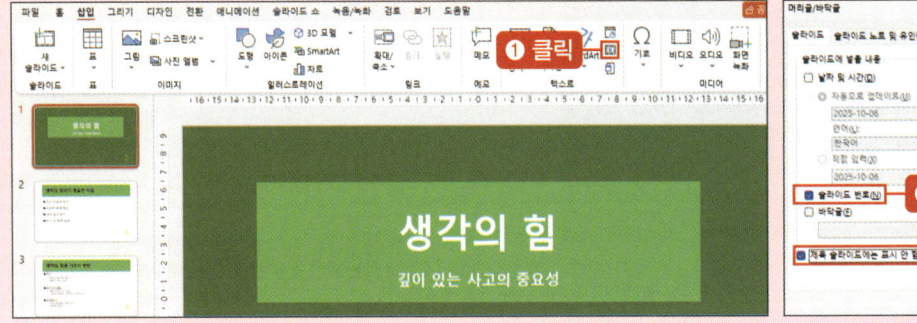
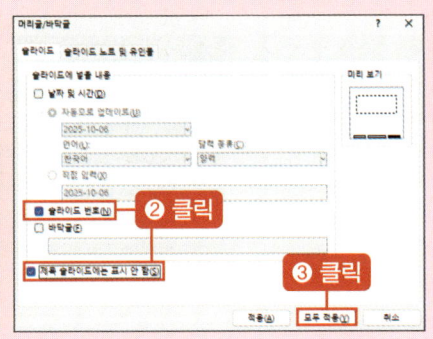

② 2번 슬라이드부터 슬라이드 번호가 1로 표시되게 하려면 [보기] 탭-[마스터 보기] 그룹-[슬라이드 마스터]를 선택한 후 [슬라이드 마스터] 탭-[크기] 그룹-[슬라이드 크기]-[사용자 지정 슬라이드 크기]를 클릭합니다. [슬라이드 크기] 대화상자에서 슬라이드 시작 번호를 '0'으로 설정하고 [확인]을 클릭합니다.

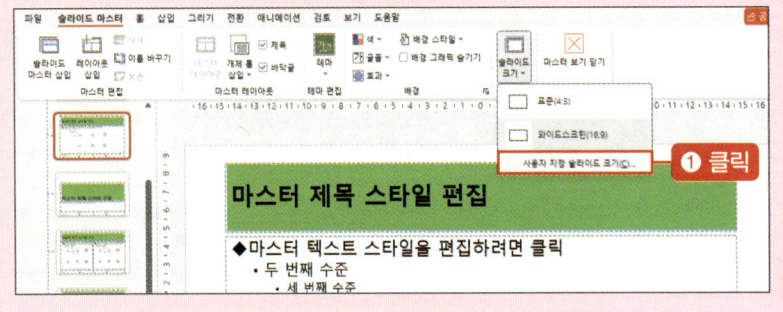

셀프 테스트

1 새 프레젠테이션을 실행하여 다음과 같이 슬라이드 마스터를 디자인해 보세요.

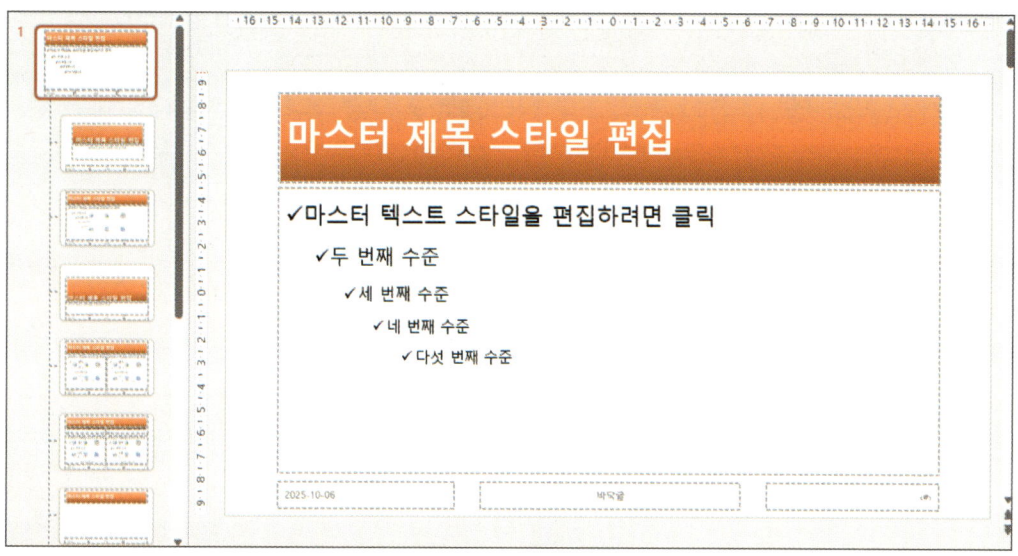

도형 스타일 빠른 스타일-주황, 강조 2, 윤곽선 없음
글머리 기호 대조표 글머리 기호 **줄 간격** 1.5

2 1번 문제에 이어서 다음과 같이 제목 슬라이드 레이아웃을 디자인하고 '슬라이드 마스터 연습.pptx'로 저장해 보세요.

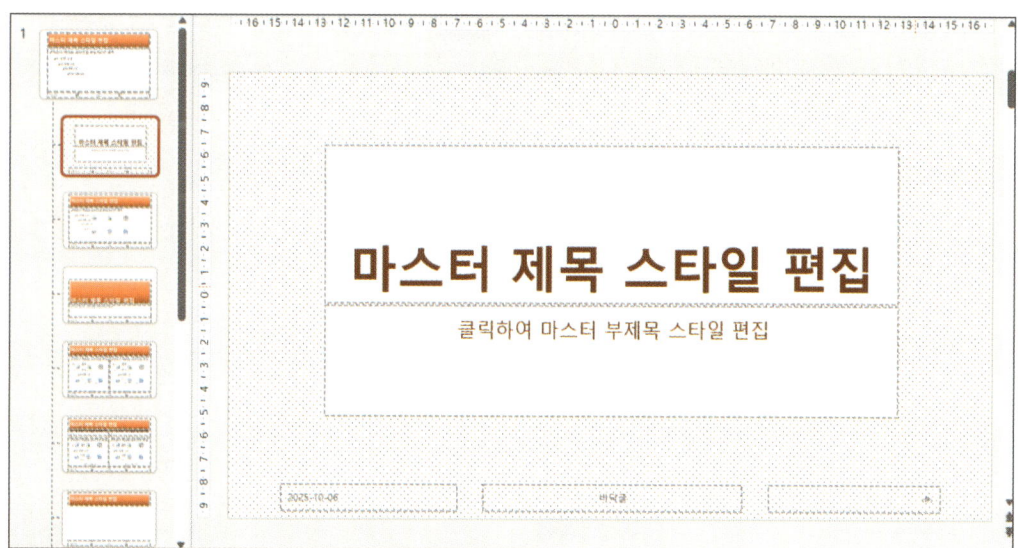

배경 서식 패턴 채우기, 점선 5% **도형 채우기** 흰색
글꼴 색 주황, 강조 2, 50% 더 어둡게

SECTION 14 오디오 삽입과 제어

PowerPoint 2021

파워포인트에서는 효과음, 배경 음악, 내레이션 등 다양한 형태의 오디오 파일을 슬라이드에 삽입할 수 있습니다. 오디오를 적절히 활용하면 보다 효과적으로 내용을 전달할 수 있습니다.

1 오디오 삽입하기

1 '음악의 역할과 활용.pptx' 파일을 엽니다. 1번 슬라이드에 오디오를 삽입하기 위해 [삽입] 탭-[미디어] 그룹-[오디오]-[내 PC의 오디오]를 클릭합니다. [오디오 삽입] 대화상자가 나타나면 '오디오.mp3'를 선택한 후 [삽입]을 클릭합니다.

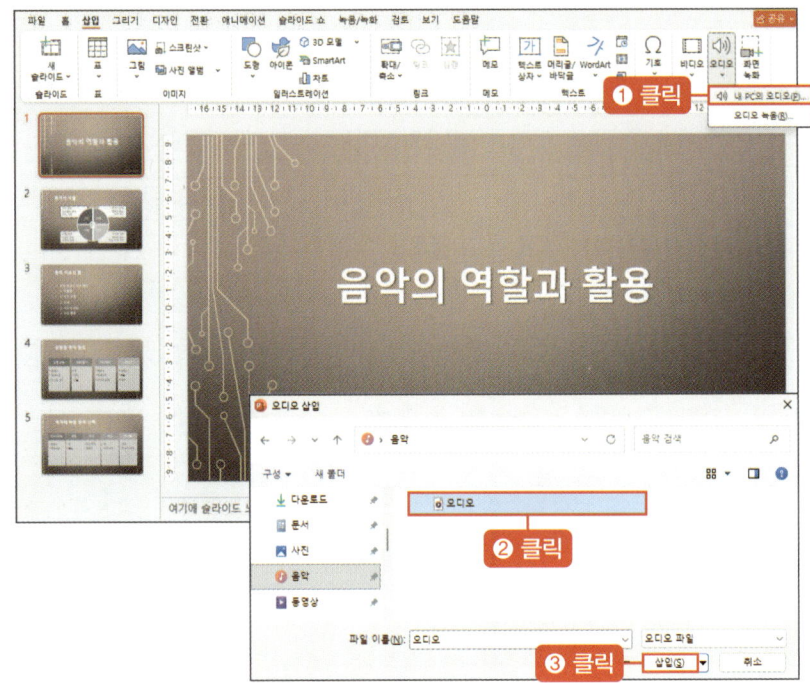

2 슬라이드에 스피커와 오디오 컨트롤 도구가 표시됩니다. 스피커를 드래그하여 오른쪽 위에 배치합니다.

2 오디오 제어하기

① 오디오가 재생되는지 확인하기 위해 오디오 컨트롤 도구의 재생(▶) 버튼을 클릭합니다.

TIP [재생] 탭-[미리보기] 그룹-[재생]을 클릭해도 됩니다.

② 오디오 컨트롤 도구의 음소거/음소거 해제(🔊) 버튼 위로 마우스를 갖다 대면 볼륨 조절 슬라이더가 나타납니다. 마우스로 드래그하여 볼륨을 조절할 수 있습니다.

더 알아보기 오디오 컨트롤 도구 알아보기

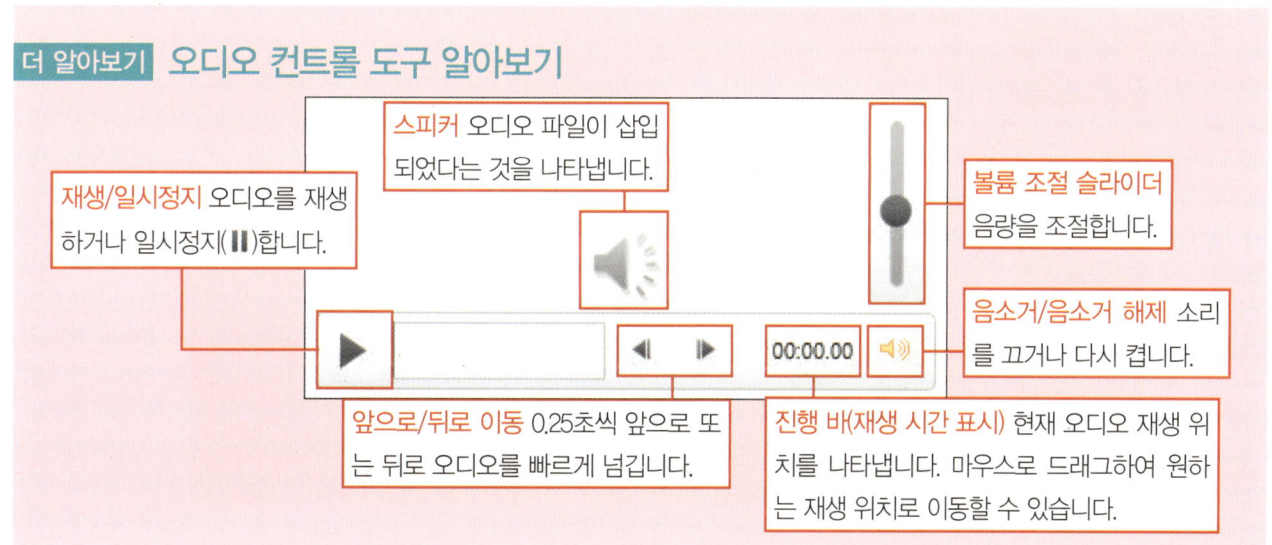

스피커 오디오 파일이 삽입되었다는 것을 나타냅니다.

재생/일시정지 오디오를 재생하거나 일시정지(❚❚)합니다.

볼륨 조절 슬라이더 음량을 조절합니다.

음소거/음소거 해제 소리를 끄거나 다시 켭니다.

앞으로/뒤로 이동 0.25초씩 앞으로 또는 뒤로 오디오를 빠르게 넘깁니다.

진행 바(재생 시간 표시) 현재 오디오 재생 위치를 나타냅니다. 마우스로 드래그하여 원하는 재생 위치로 이동할 수 있습니다.

❸ 슬라이드 쇼를 실행하면 오디오가 자동으로 재생되게 설정할 수 있습니다. 스피커가 선택된 상태에서 [재생] 탭-[오디오 옵션] 그룹에서 [시작: 자동 실행], [모든 슬라이드에서 재생], [반복 재생]을 체크합니다.

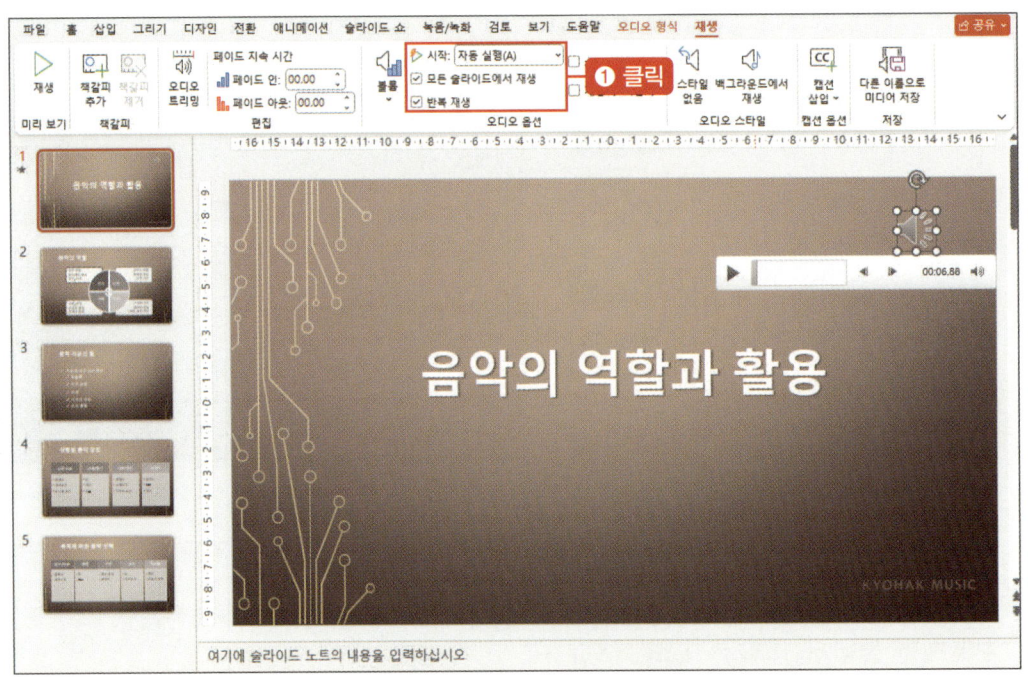

TIP [오디오 스타일] 그룹-[백그라운드에서 재생]을 클릭하면 슬라이드 전체에 걸쳐 오디오가 배경에서 계속 재생되므로 [시작: 자동 실행], [모든 슬라이드에서 재생], [반복 재생]이 자동으로 체크됩니다. [스타일 없음]을 클릭하면 모두 해제됩니다.

❹ [오디오 형식] 탭에서 스피커 모양을 변경할 수 있습니다. 스피커를 선택하고 [오디오 형식] 탭-[그림 스타일] 그룹-[빠른 스타일]-[단순형 프레임, 흰색]을 클릭합니다.

3 오디오 트리밍과 부드럽게 시작하고 끝내기

1 삽입된 오디오에서 들려주고 싶은 부분만 편집하여 사용할 수 있습니다. 스피커가 선택된 상태에서 [재생] 탭-[편집] 그룹-[오디오 트리밍]을 클릭합니다.

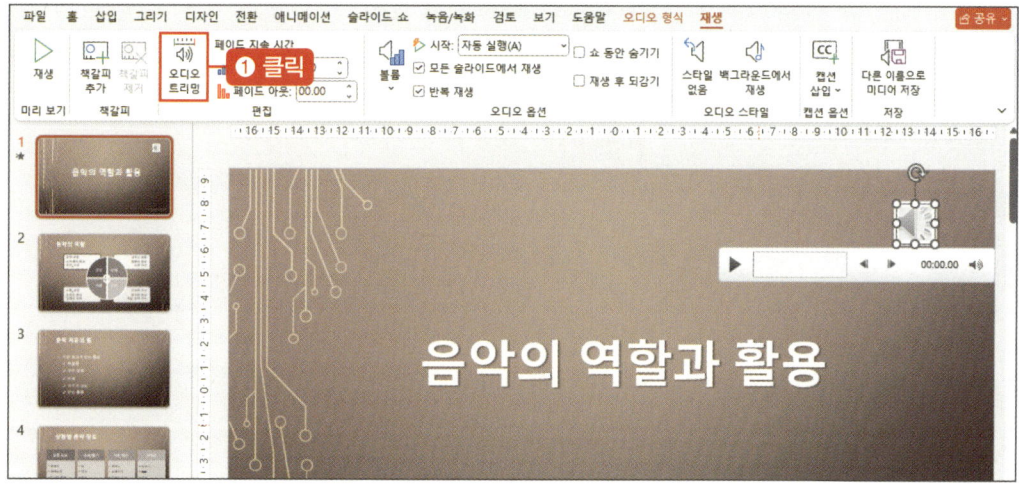

2 [오디오 트리밍] 대화상자의 초록색 시작점과 빨간색 끝점을 드래그하여 재생 구간을 설정한 후 [확인]을 클릭합니다.

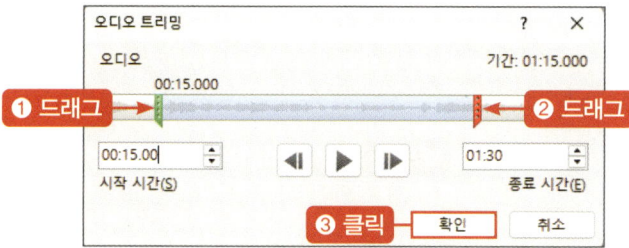

3 오디오를 부드럽게 시작하고 끝내기 위해 페이드 인/아웃을 설정해 줍니다. 스피커가 선택된 상태에서 [재생] 탭-[편집] 그룹-[페이드 인]과 [페이드 아웃]을 '03.00'으로 조정합니다.

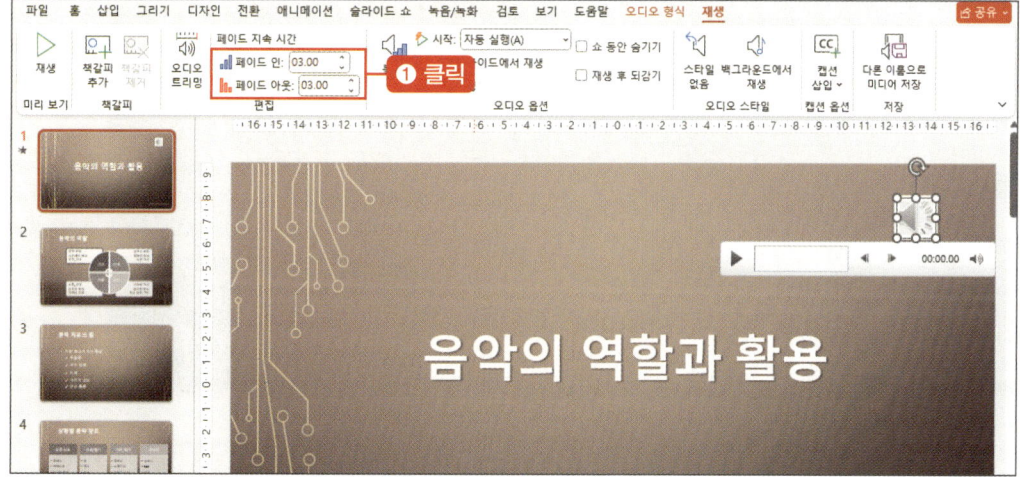

4 오디오 재생 중지하기

1 1번~2번 슬라이드에서만 오디오를 재생하기 위해 스피커를 선택한 후 [애니메이션] 탭-[애니메이션] 그룹-[추가 효과 옵션 표시]를 클릭합니다.

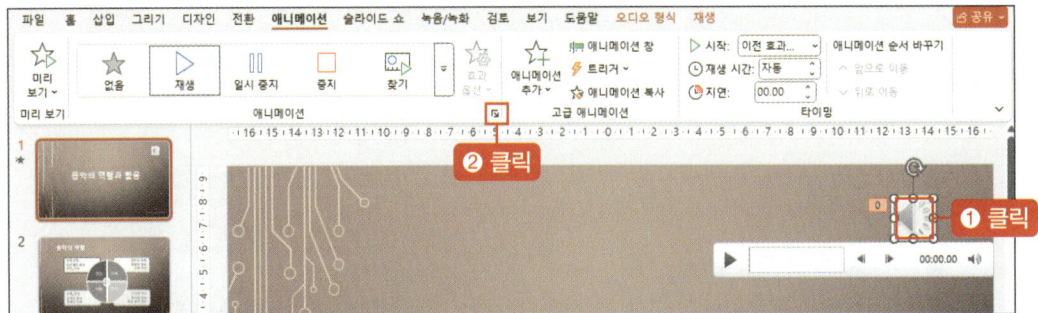

2 [오디오 재생] 대화상자가 열리면 [효과] 탭-[재생 중지]-[지금부터]에 체크한 후 2를 입력하고 [확인]을 클릭합니다.

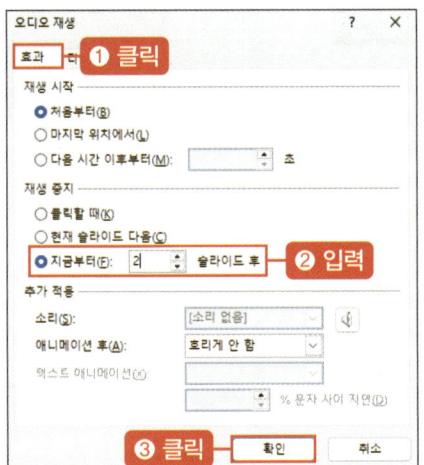

TIP [지금부터]에는 오디오 시작 슬라이드부터 종료 슬라이드까지의 슬라이드 개수를 입력합니다.

3 화면 아래의 [슬라이드 쇼]를 클릭하거나 [슬라이드 쇼] 탭-[슬라이드 쇼 시작] 그룹-[처음부터]를 클릭하여 설정한 대로 오디오가 재생되는지 확인합니다.

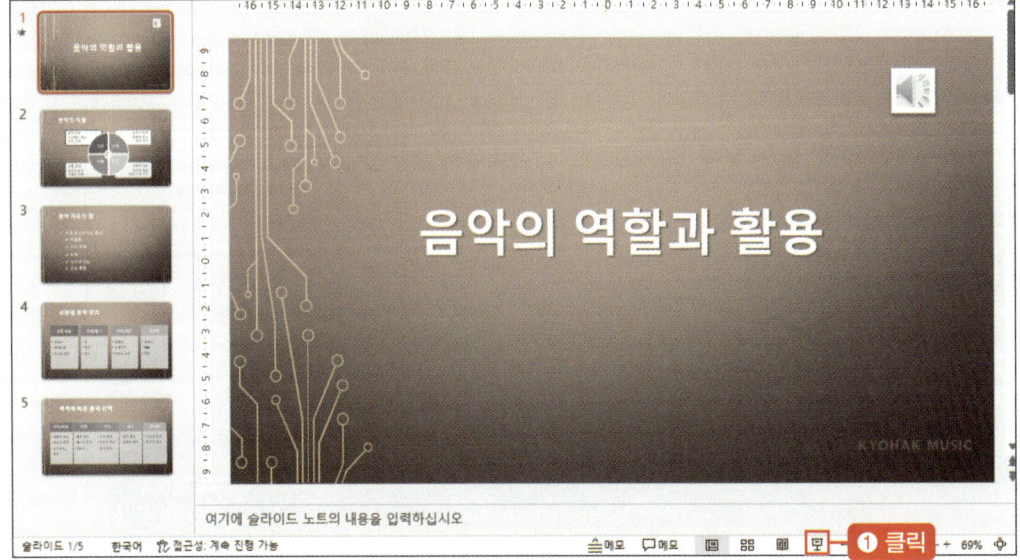

셀프 테스트

1 '한글날 경축식 식순.pptx' 파일을 열어서 2번 슬라이드에 오디오를 삽입하고 스피커 모양을 '빠른 스타일-금속 타원'으로 변경해 보세요.

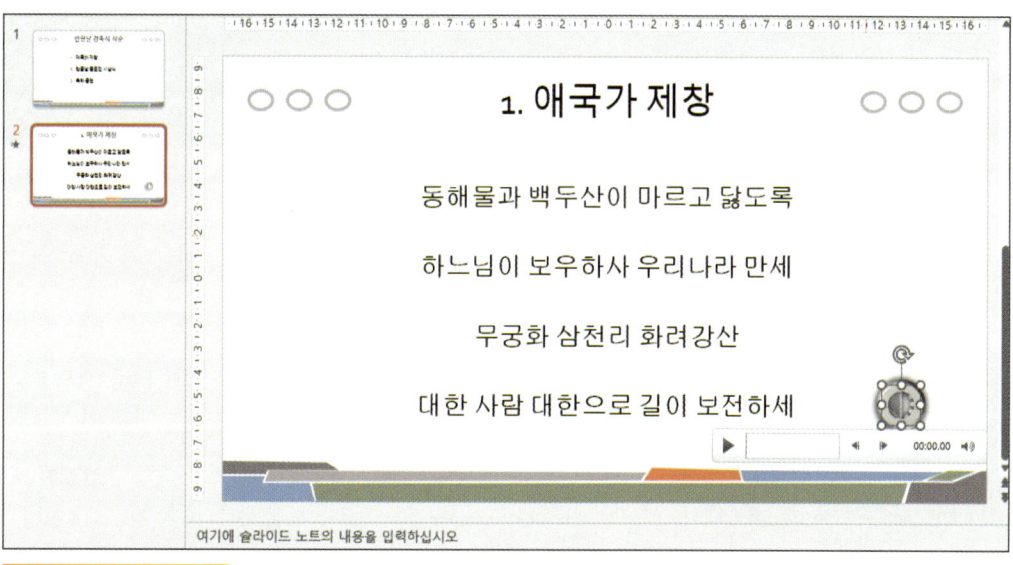

오디오 애국가.mp3

2 1번 문제에 이어서 삽입한 오디오를 '마우스 클릭 시' 재생되도록 하고, 페이드 인 시간을 '02.00'으로 설정한 후 스피커의 위치를 왼쪽 위로 배치해 보세요.

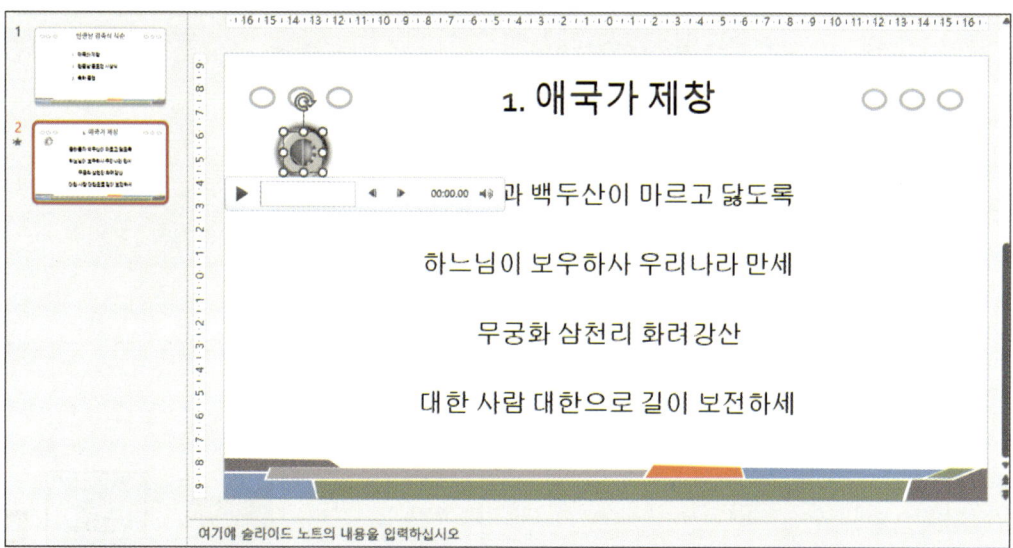

PowerPoint 2021

15 비디오 삽입과 제어
SECTION

파워포인트에서는 청중의 이해를 높이기 위해 제품 시연, 홍보 영상 등 다양한 형태의 비디오를 직접 삽입할 수 있습니다. 이 섹션에서는 비디오를 삽입하고 제어하는 방법과 비디오 서식을 변경하는 방법을 알아봅니다.

1 비디오 삽입하기

1. '한국의 봄.pptx' 파일을 열어서 비디오를 삽입하기 위해 [삽입] 탭-[미디어] 그룹-[비디오]-[이 디바이스]를 클릭합니다.

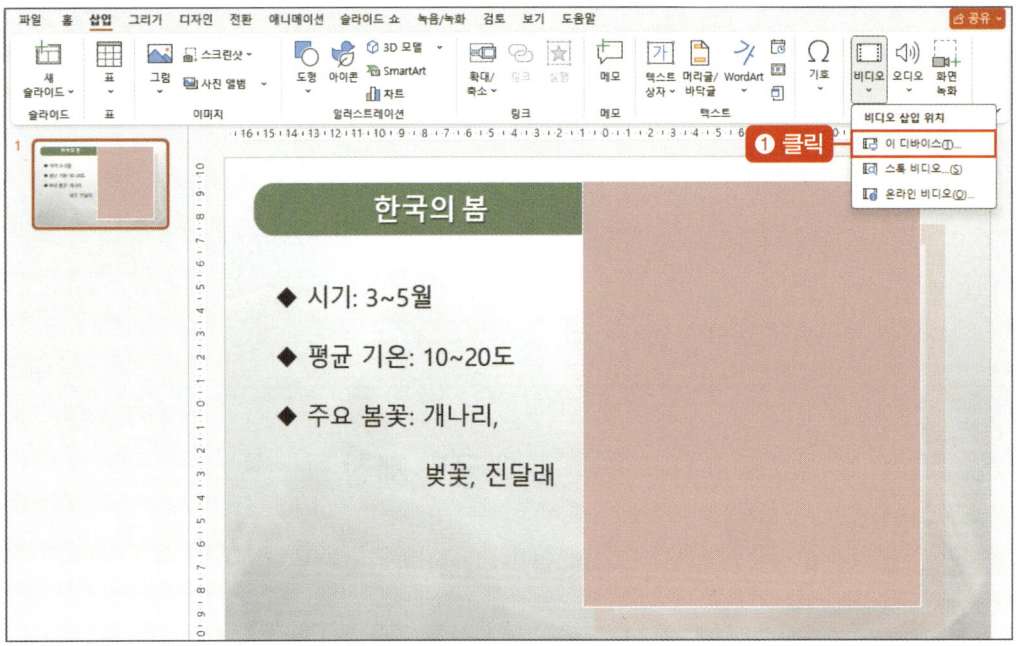

2. [비디오 삽입] 대화상자가 열리면 '한국의 봄.mp4'를 선택한 후 [삽입]을 클릭합니다.

❸ 삽입된 비디오를 드래그하여 오른쪽에 배치하고, 크기 조절 핸들을 드래그하여 도형 안에 들어가도록 조절합니다.

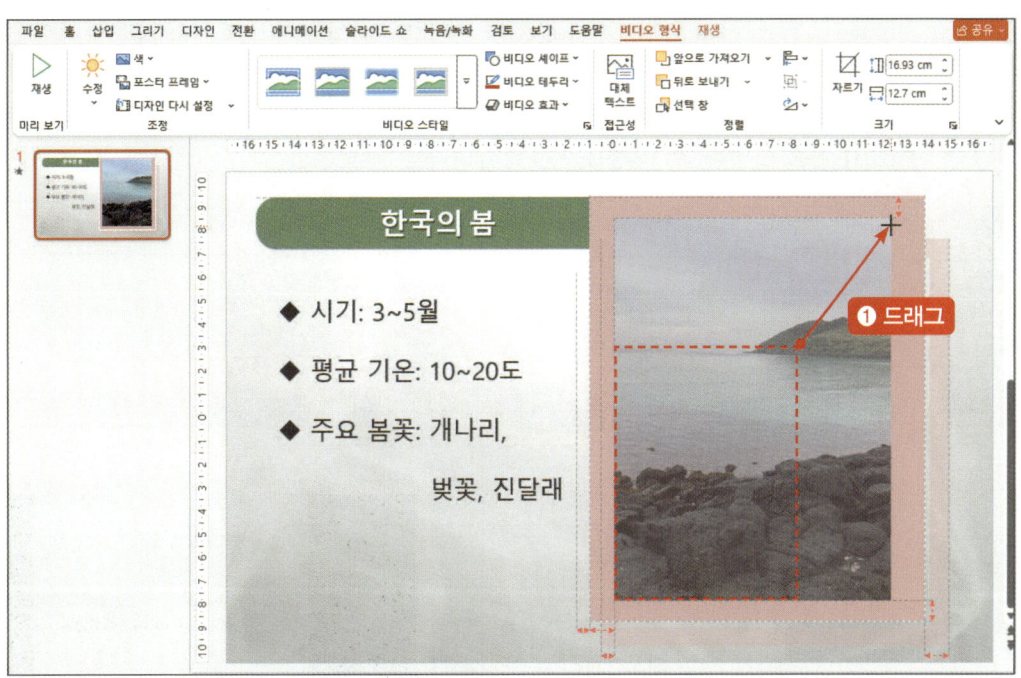

❹ 슬라이드 쇼를 시작하면 자동으로 비디오가 실행되도록 설정하기 위해 비디오가 선택된 상태에서 [재생] 탭-[비디오 옵션] 그룹-[시작]-[자동 실행]을 클릭합니다.

> TIP **전체 화면 재생** 슬라이드 쇼를 실행하면 비디오만 전체 화면에서 재생됩니다.

2 비디오 트리밍과 페이드 시간 설정하기

1 트리밍 기능을 사용해 비디오의 원하는 부분만 재생할 수 있습니다. 비디오가 선택된 상태에서 [재생] 탭–[편집] 그룹–[비디오 트리밍]을 클릭합니다. [비디오 트리밍] 대화상자에서 슬라이더를 드래그하여 '시작 시간'과 '종료 시간'을 설정한 후 [확인]을 클릭합니다.

2 이어서 페이드 시간을 설정하기 위해 [재생] 탭–[편집] 그룹–[페이드 인]과 [페이드 아웃] 시간을 모두 '01.50'로 설정합니다. F5 키를 눌러 슬라이드 쇼를 실행하여 설정한 대로 비디오가 재생되는지 확인합니다.

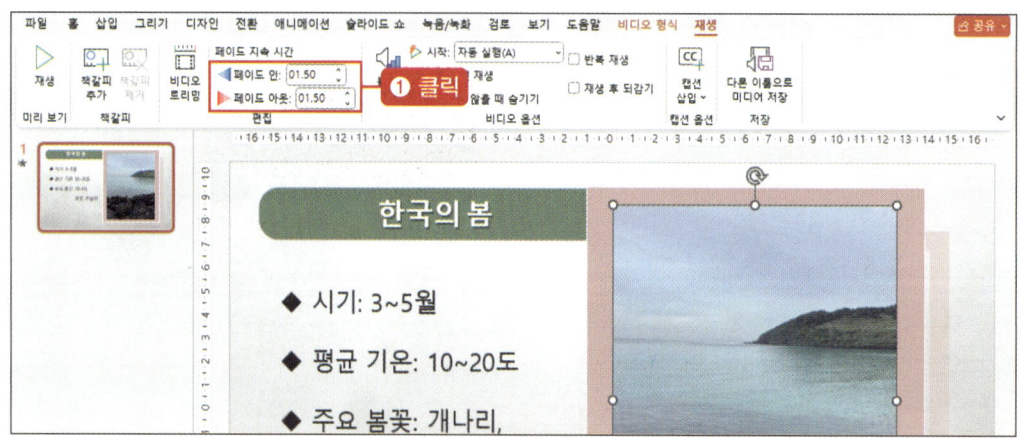

3 비디오 표지와 서식 변경하기

1 슬라이드의 비디오 표지를 변경하기 위해 비디오를 선택한 후 [비디오 형식] 탭-[조정] 그룹-[포스터 프레임]-[파일의 이미지]를 클릭합니다.

2 [그림 삽입] 대화상자가 열리면 [파일에서]를 선택한 후 '봄꽃'을 선택하고 [삽입]을 클릭합니다.

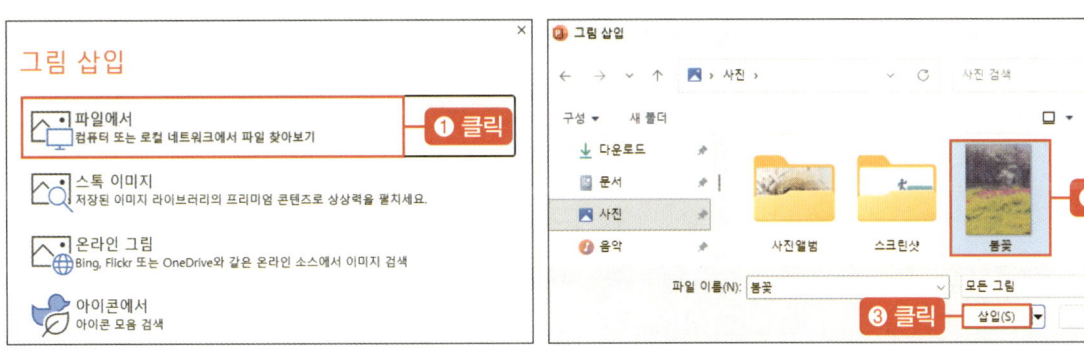

3 비디오 표지가 선택한 이미지로 변경되었습니다.

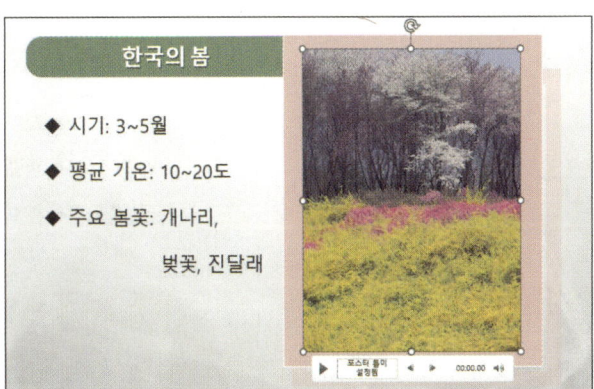

④ 비디오 밝기를 변경하기 위해 비디오가 선택된 상태에서 [비디오 형식] 탭-[조정] 그룹-[수정]을 클릭한 후 [밝기/대비]-[밝기: +20%, 대비: +40%]를 선택합니다.

⑤ 계속해서 [비디오 형식] 탭-[비디오 스타일] 그룹-[비디오 스타일] 목록(▼)을 클릭한 후 [일반-회전, 흰색]을 선택합니다.

⑥ 비디오 서식이 변경되었습니다.

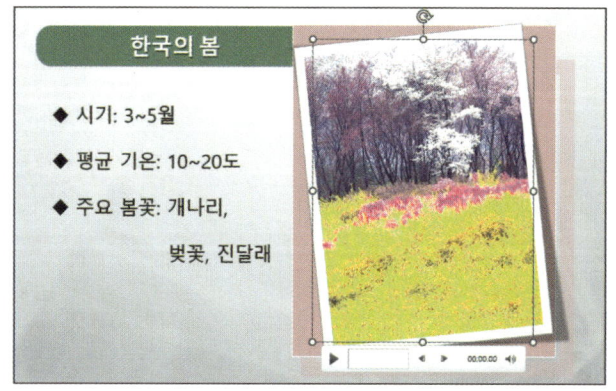

TIP 비디오 서식 취소하기 [비디오 형식] 탭-[조정] 그룹-[디자인 다시 설정]

셀프 테스트

1 '새로운 레시피.pptx' 파일을 열어서 다음과 같이 비디오를 삽입하고, 슬라이드 쇼를 시작하면 자동으로 비디오가 실행되도록 설정해 보세요.

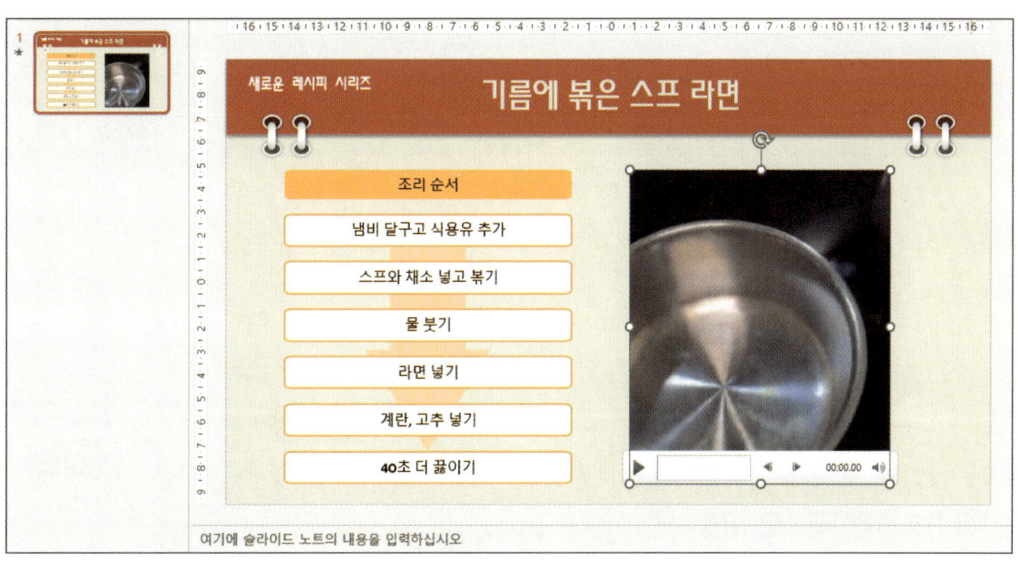

비디오 라면.mp4

2 1번 문제에 이어서 삽입한 비디오 형식을 '사각형: 둥근 모서리'로 설정하고 비디오 표지를 다음과 같이 변경해 보세요.

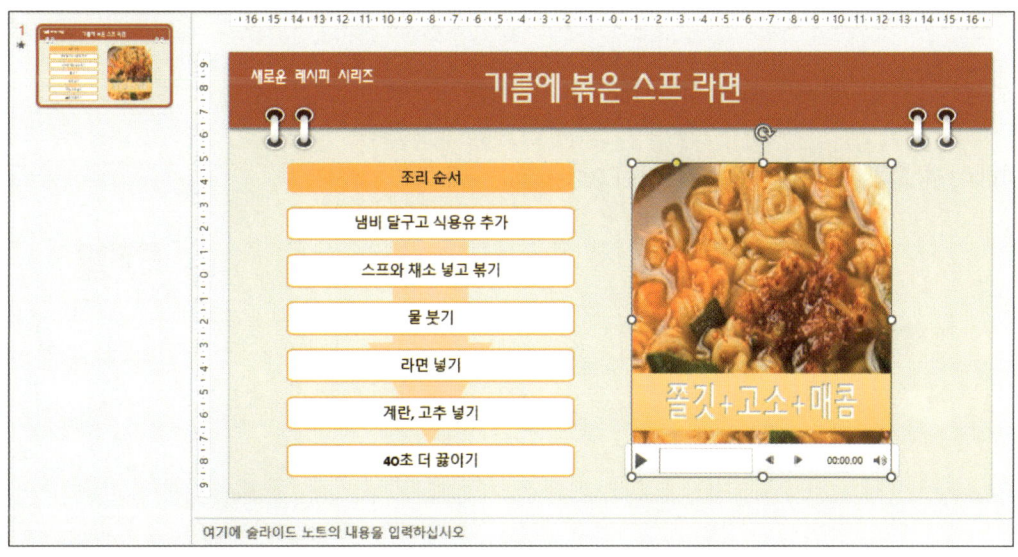

표지 이미지 라면 표지.jpg

PowerPoint 2021

16 애니메이션 효과
SECTION

애니메이션 효과는 슬라이드에 삽입된 개체에 움직이는 효과를 주는 기능입니다. 텍스트, 이미지, 표, 차트 등에 다양한 애니메이션을 설정하여 시각적으로 강조할 때 효과적입니다.

1 애니메이션 설정하기

① '꼬들라면 제조 과정.pptx' 파일을 엽니다. 1번 슬라이드에서 '친환경 재료'가 삽입된 첫 번째 도형을 선택한 후 [애니메이션] 탭-[애니메이션] 그룹-[애니메이션 스타일] 목록(▼)을 클릭합니다.

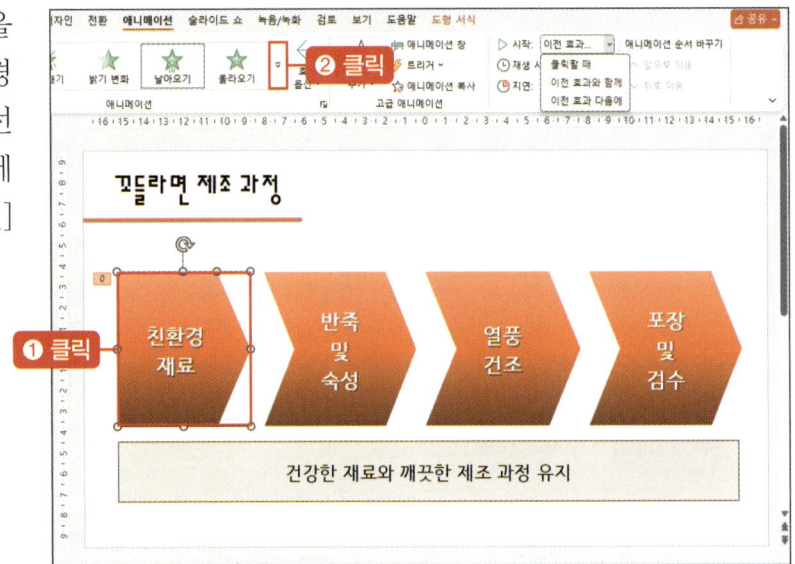

② 애니메이션 목록에서 [나타내기]-[날아오기]를 선택합니다.

③ 바로 이어서 [효과 옵션]-[오른쪽에서]를 선택합니다. 도형이 슬라이드의 오른쪽에서 날아오는 효과가 적용됩니다.

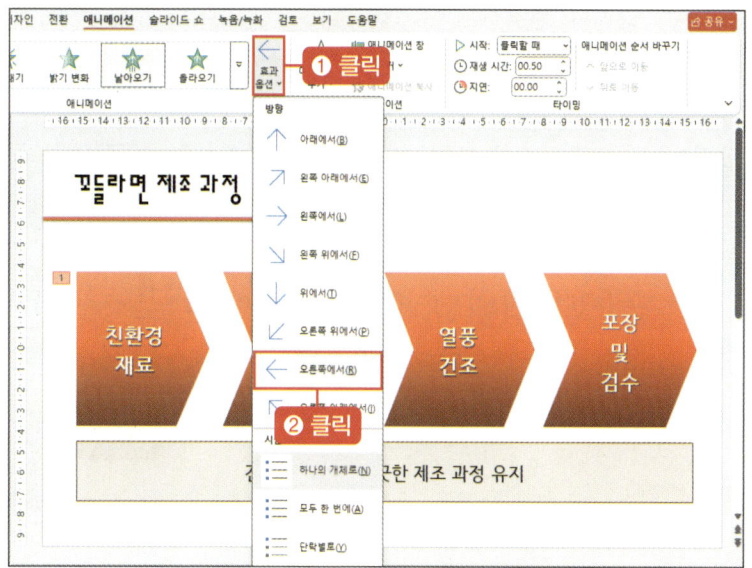

④ 도형이 선택된 상태에서 애니메이션 타이밍을 설정합니다. [애니메이션] 탭-[타이밍] 그룹-[시작: 이전 효과 다음에]를 클릭합니다.

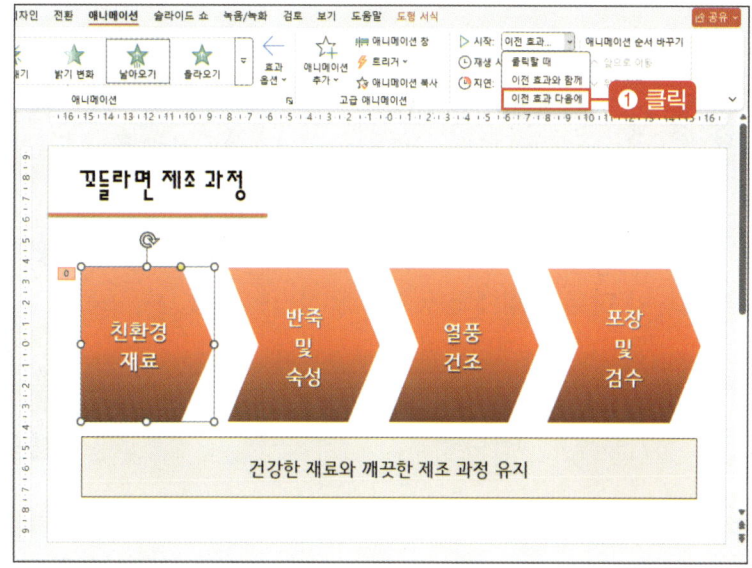

⑤ 애니메이션이 실행되는 시간을 설정하기 위해 [재생 시간: 01.00]으로 설정합니다.

TIP 재생 시간이 길수록 애니메이션 재생 속도는 느려집니다. 지연 시간은 애니메이션이 실행되기 전에 대기하는 시간을 의미합니다.

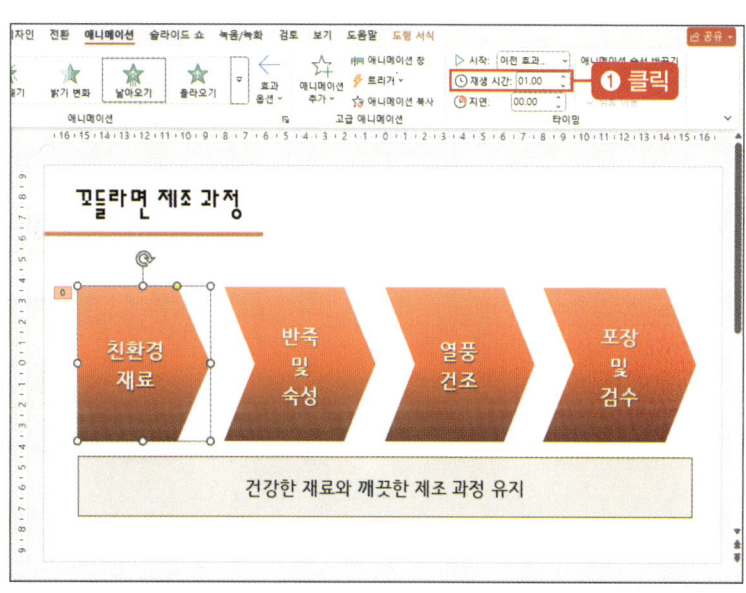

2 애니메이션 복사하기

1 애니메이션을 복사하여 다른 개체에 그대로 적용할 수 있습니다. 첫 번째 도형을 선택한 후 [애니메이션] 탭-[고급 애니메이션] 그룹-[애니메이션 복사]를 더블클릭합니다.

> **TIP** [애니메이션 복사]를 한 번 클릭하면 다른 개체에 한 번 적용할 수 있고, 더블클릭하면 여러 번 적용할 수 있습니다.

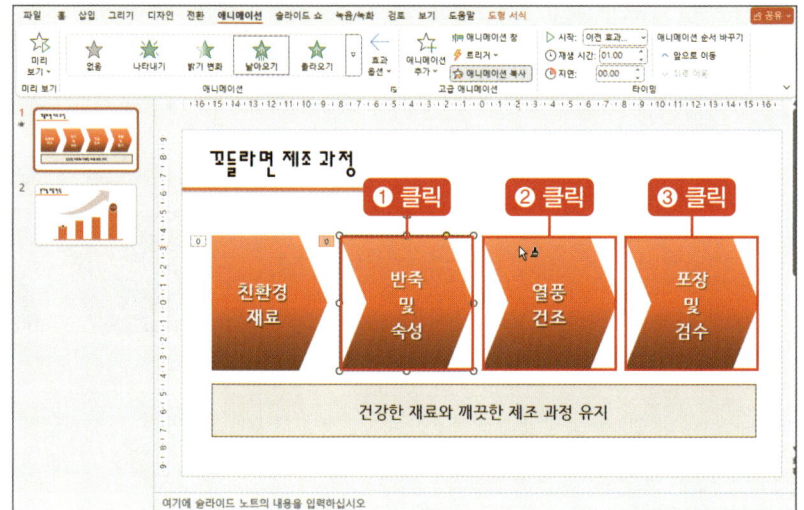

2 마우스 포인터가 모양으로 바뀌면 '반죽 및 숙성'에서 '포장 및 검수'까지의 도형을 차례대로 클릭합니다. 애니메이션이 다른 도형에도 동일하게 적용됩니다. 애니메이션 복사를 마치면 Esc 키를 눌러 복사 기능을 해제합니다.

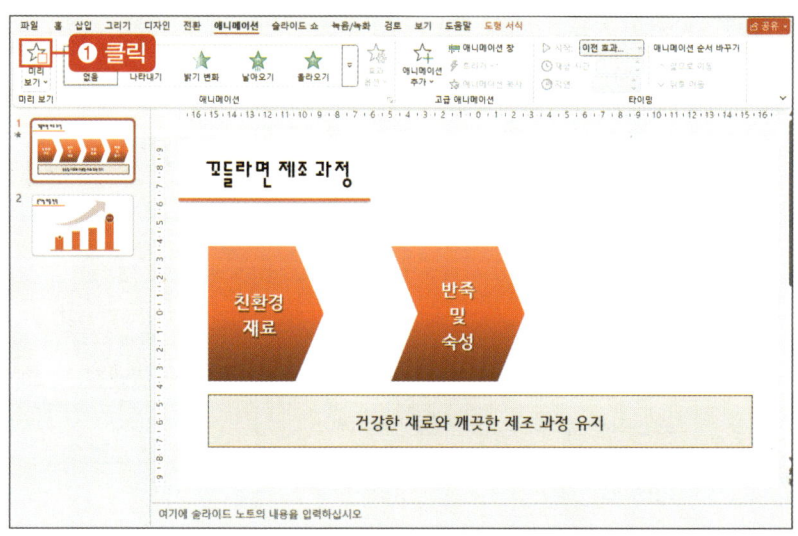

3 [애니메이션] 탭-[미리 보기] 그룹-[미리 보기]를 클릭하여 설정한 애니메이션을 확인합니다.

3 애니메이션 추가하기

1 2번 슬라이드에서 막대 그래프를 모두 선택한 후 [애니메이션] 탭-[애니메이션] 그룹-[애니메이션 스타일]-[올라오기]를 클릭합니다. 이어서 [효과 옵션]-[서서히 위로]를 선택합니다.

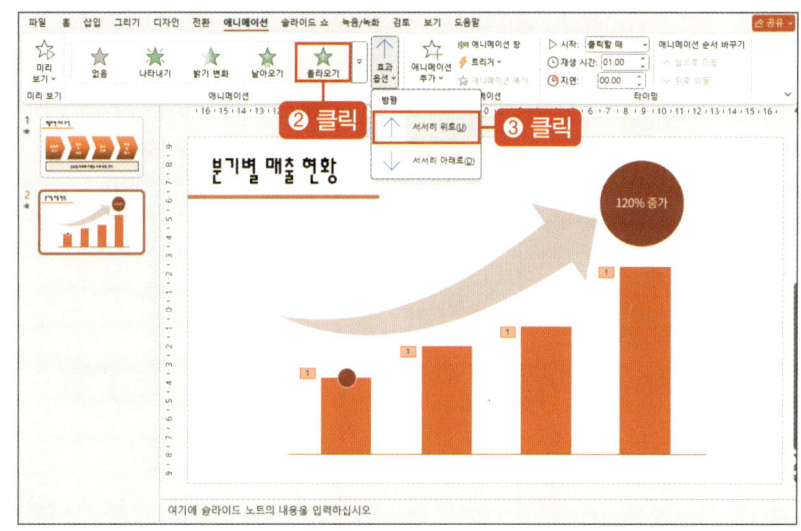

2 화살표와 '120%'가 삽입된 원을 모두 선택한 후 [애니메이션] 탭-[애니메이션] 그룹-[애니메이션 스타일] 목록(▼)에서 [나타내기]-[닦아내기]를 선택합니다.

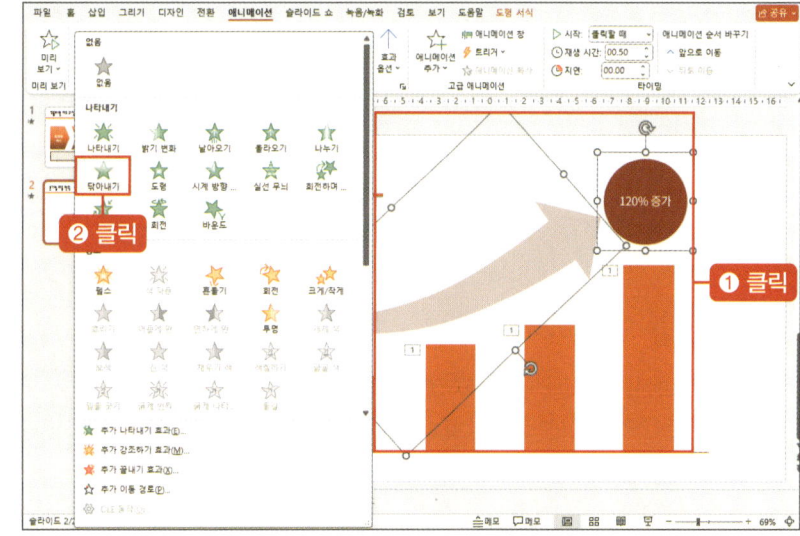

3 바로 이어서 [애니메이션] 탭-[타이밍] 그룹-[시작: 이전 효과 다음에]를 클릭합니다.

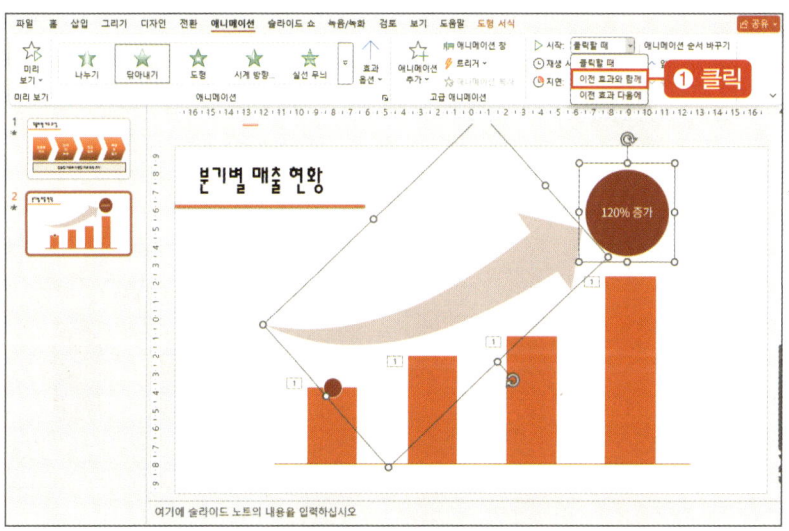

4 원을 선택하고 [애니메이션] 탭-[고급 애니메이션] 그룹-[애니메이션 추가]를 클릭한 후 [강조]-[크게/작게]를 선택합니다. 앞에서 적용한 [닦아내기] 애니메이션에 [크게/작게] 애니메이션이 추가로 적용됩니다.

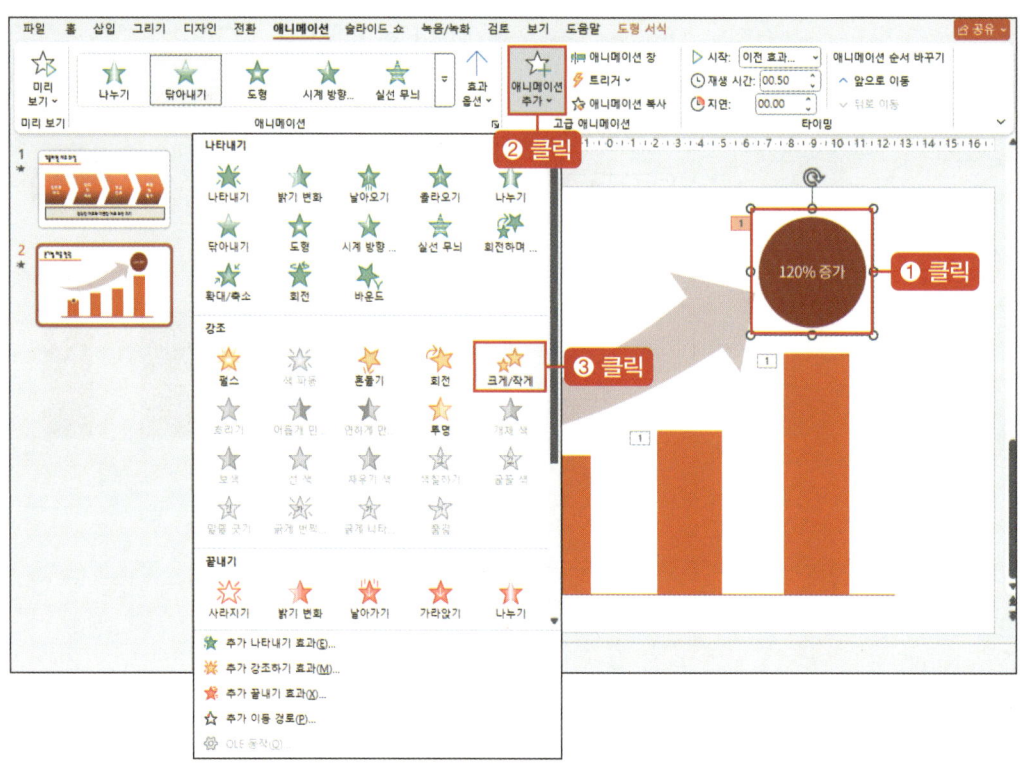

더 알아보기 | 애니메이션 창

[애니메이션] 탭-[고급 애니메이션]-[애니메이션 창]을 클릭하면 화면 오른쪽에 [애니메이션 창]이 나타납니다. 슬라이드에 적용된 애니메이션 목록이 표시되며, 애니메이션의 실행 순서와 타이밍을 관리할 수 있습니다.

❶ 애니메이션 순서 바꾸기
화살표를 눌러 순서를 바꿀 수 있습니다.

❷ 애니메이션 제거하기
제거할 애니메이션을 선택한 후 목록(▼)을 눌러 [제거]를 클릭합니다.

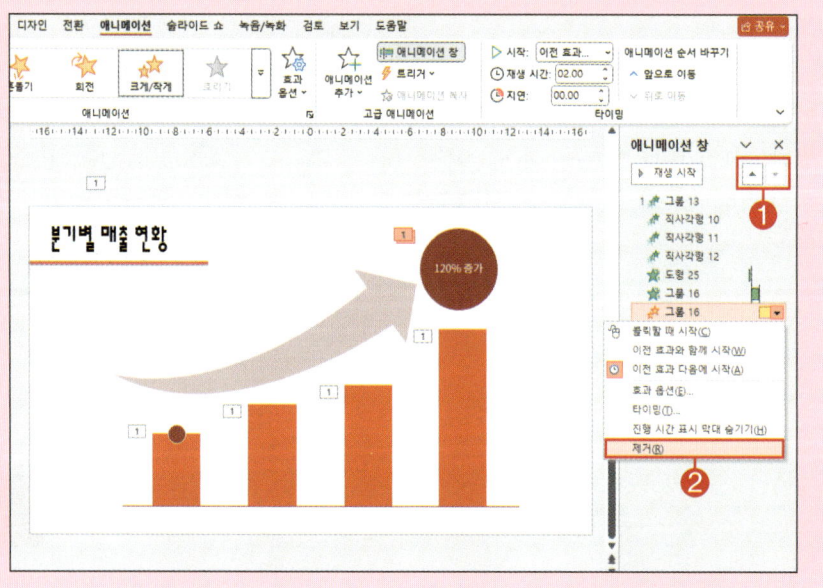

셀프 테스트

1 '스타트업 성장지원 계획.pptx' 파일을 열어서 1단계의 도형에 애니메이션을 적용해 보세요.

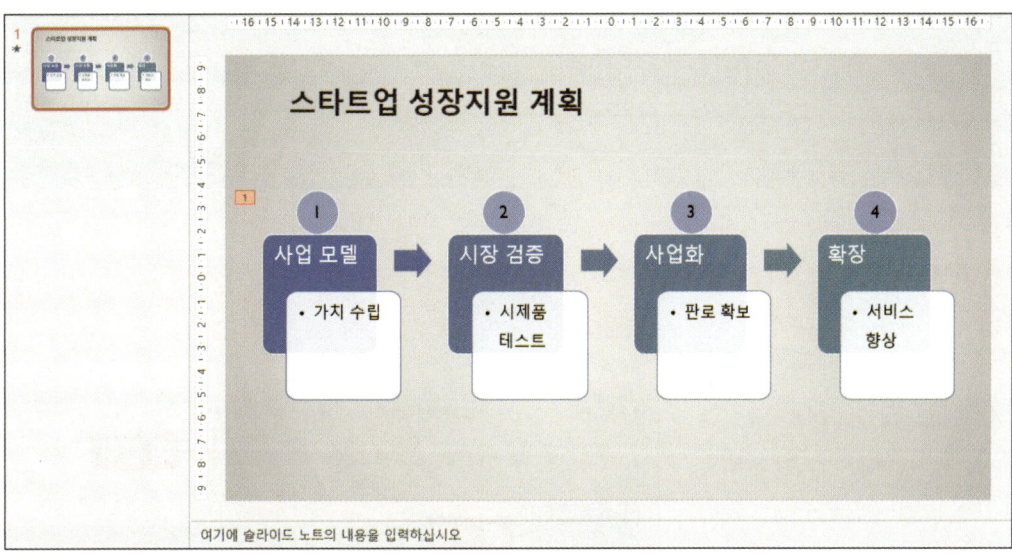

애니메이션 닦아내기 **효과 옵션** 왼쪽에서 **재생 시간** 01.50

2 1번 문제에 이어서 1단계의 애니메이션을 2~3단계의 도형에 복사한 뒤, 타이밍을 '시작: 이전 효과 다음에'로 설정해 보세요.

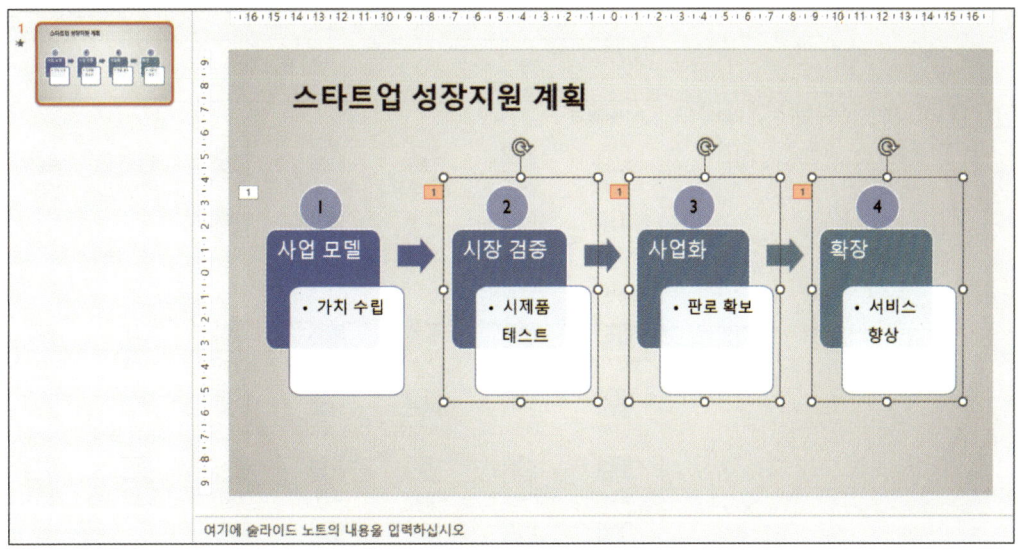

PowerPoint 2021

17 화면 전환과 모핑
SECTION

화면 전환 효과를 활용하여 슬라이드와 슬라이드를 자연스럽게 연결할 수 있습니다. 모핑 전환 효과는 개체의 위치, 크기 등의 변화를 부드러운 애니메이션으로 보여 줍니다.

1 화면 전환 효과 적용하기

① '3가지 성공 습관.pptx' 파일을 엽니다. 1번 슬라이드를 선택한 후 [전환] 탭-[슬라이드 화면 전환] 그룹-[화면 전환 효과] 목록(▼)을 클릭합니다.

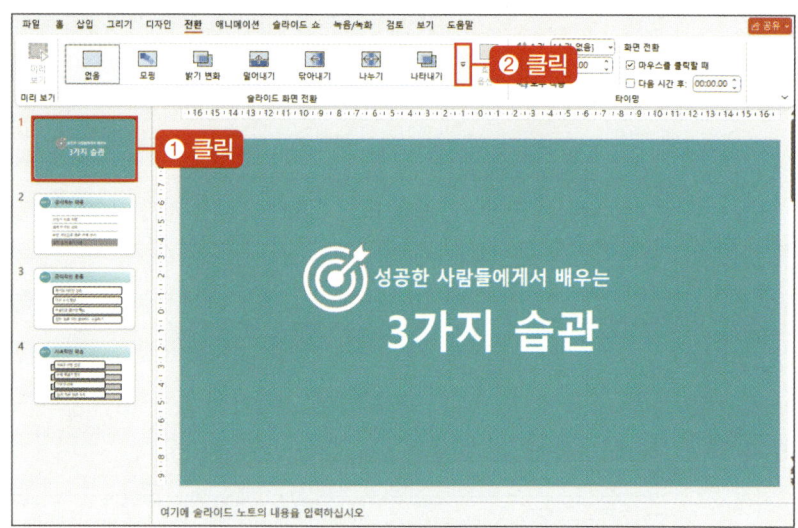

② [화면 전환 효과] 목록에서 [화려한 효과]-[큐브]를 선택합니다.

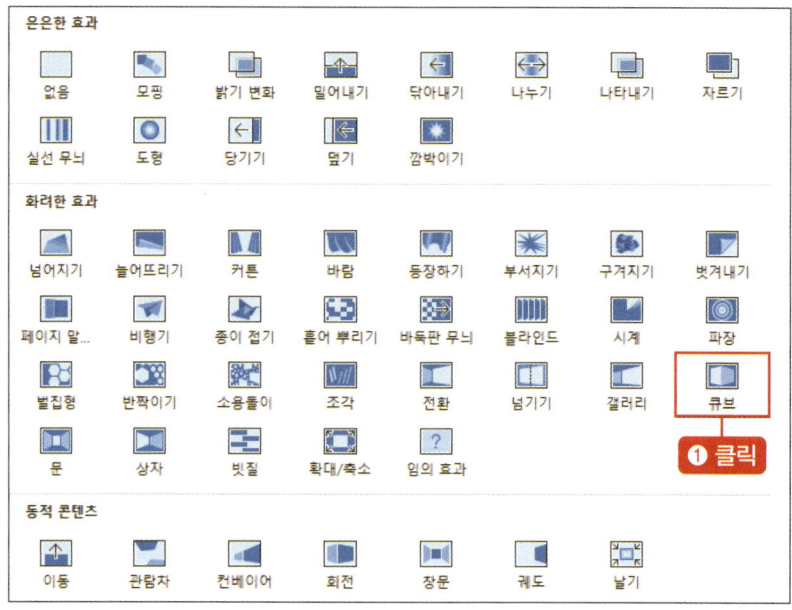

③ 계속해서 [효과 옵션]-[오른쪽에서]를 클릭합니다.

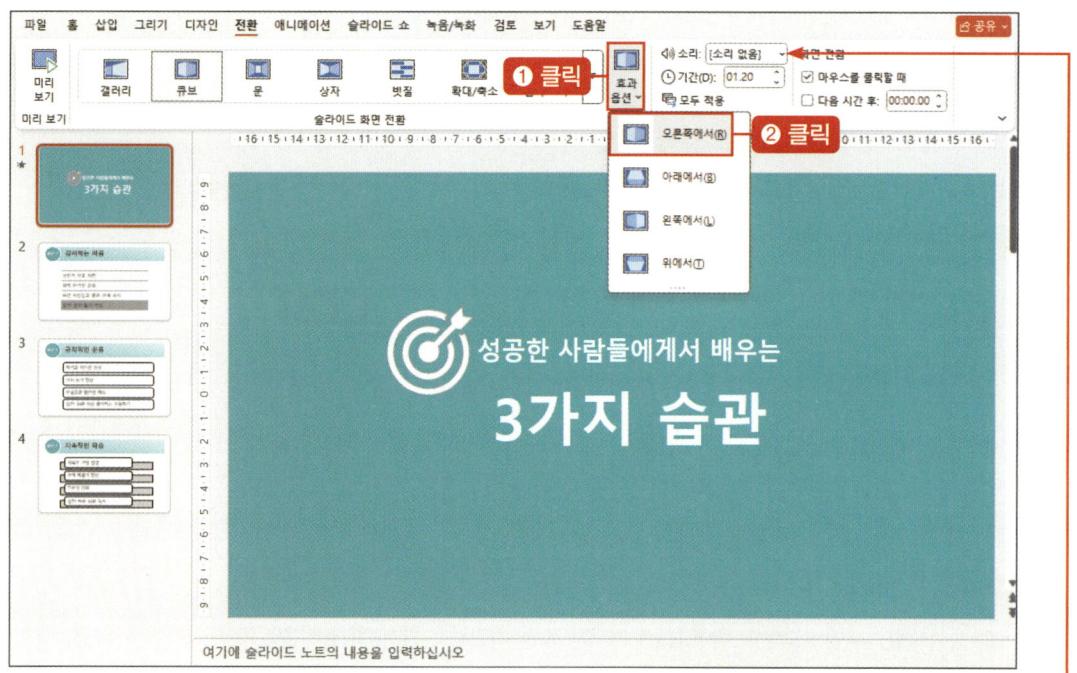

TIP [전환] 탭-[타이밍] 그룹-[소리]에서 효과음을 선택하여 삽입할 수 있습니다. 파워포인트에서 제공하는 기본 효과음 외에 다른 효과음을 삽입하려면 [다른 소리...]를 클릭한 후 [오디오 추가] 대화상자에서 추가하면 됩니다.

④ 전환 시간을 설정하기 위해 [전환] 탭-[타이밍] 그룹-[기간: 02.00]으로 설정합니다.

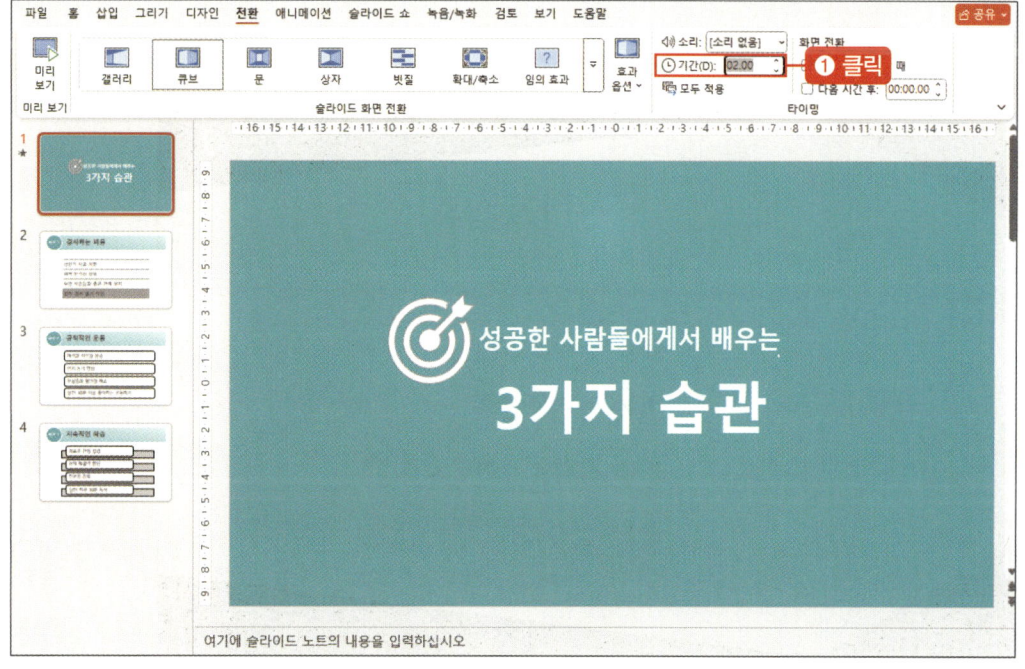

2 화면 전환 효과 제어하기

1 일정 시간이 지나면 자동으로 슬라이드가 전환되게 하려면 [전환] 탭-[타이밍] 그룹-[다음 시간 후]에 체크하고, 시간을 '00:03.00'으로 설정합니다.

2 [전환] 탭-[타이밍] 그룹-[모두 적용]을 클릭하여 슬라이드 전체에 동일한 화면 전환 효과를 적용합니다.

3 [슬라이드 쇼] 탭-[슬라이드 쇼 시작] 그룹-[처음부터]를 클릭하여 화면 전환 효과를 확인합니다.

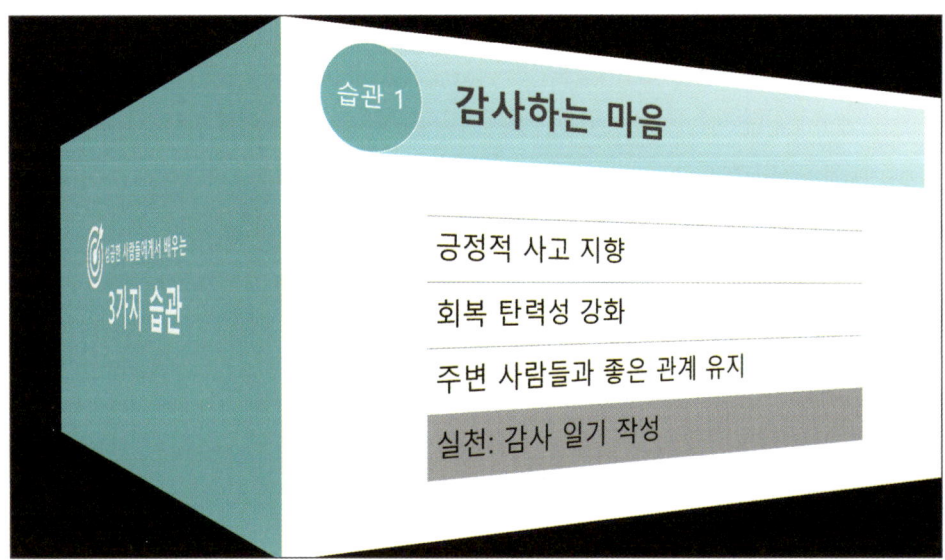

3 모핑 적용하기

1 '모핑.pptx' 파일을 엽니다. 슬라이드 축소 창에서 마우스 오른쪽 버튼을 눌러 [슬라이드 복제]를 클릭합니다.

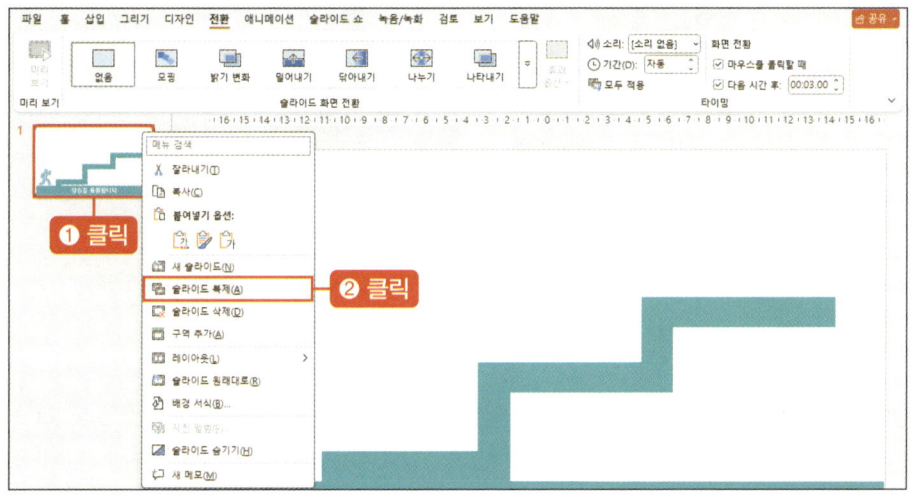

2 복제된 2번 슬라이드에서 사람 모양의 도형을 드래그하여 맨 위의 계단에 배치하고, 조절점을 드래그하여 크기를 키웁니다.

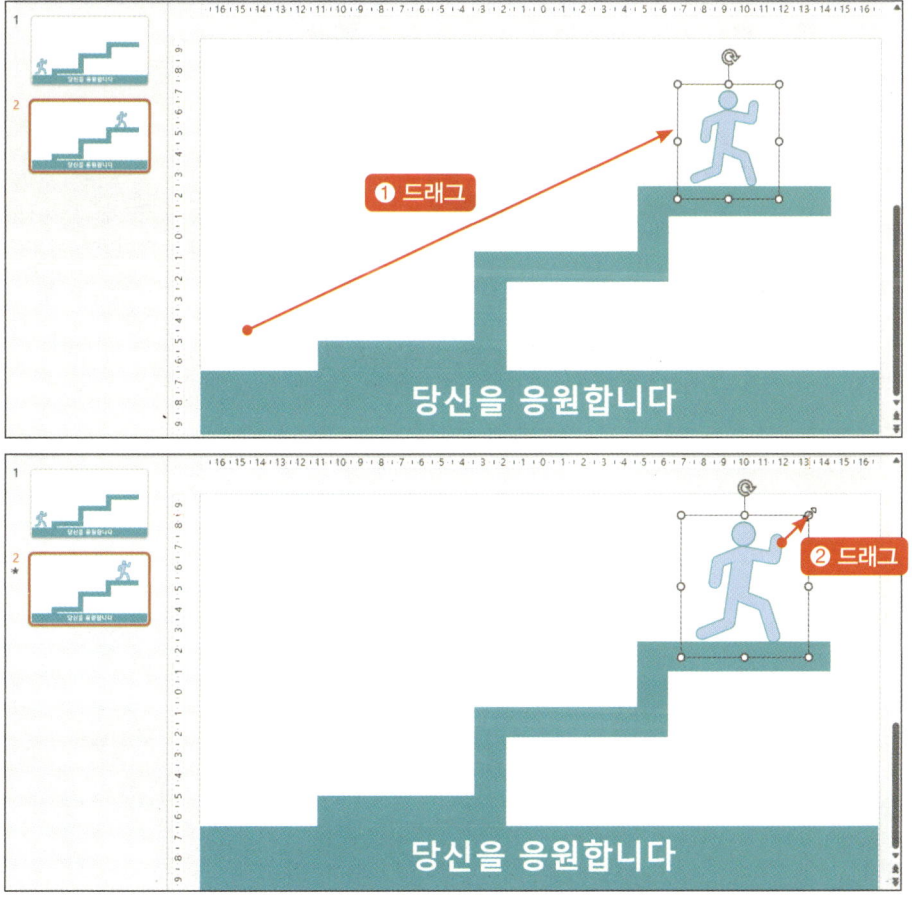

③ 도형의 색을 변경하기 위해 [도형 서식] 탭-[도형 스타일] 그룹-[도형 채우기]-[진한 파랑]을 선택합니다.

④ 2번 슬라이드가 선택된 상태에서 [전환] 탭-[슬라이드 화면 전환] 그룹-[화면전환 효과] 목록(▽)을 클릭한 후 [모핑]을 선택합니다.

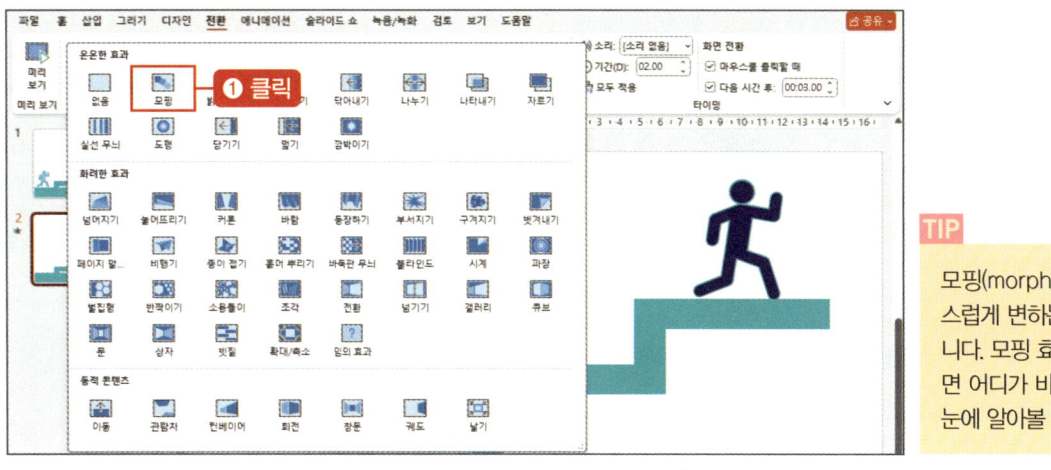

TIP
모핑(morphing)은 자연스럽게 변하는 것을 말합니다. 모핑 효과를 활용하면 어디가 바뀌었는지 한 눈에 알아볼 수 있습니다.

⑤ 슬라이드 쇼를 실행하여 모핑 전환 효과를 확인합니다.

TIP
[처음부터 슬라이드 쇼 실행하기] 단축키 F5

셀프 테스트

1 '신속 주문 방법.pptx' 파일을 열어서 전환 효과를 적용해 보세요.

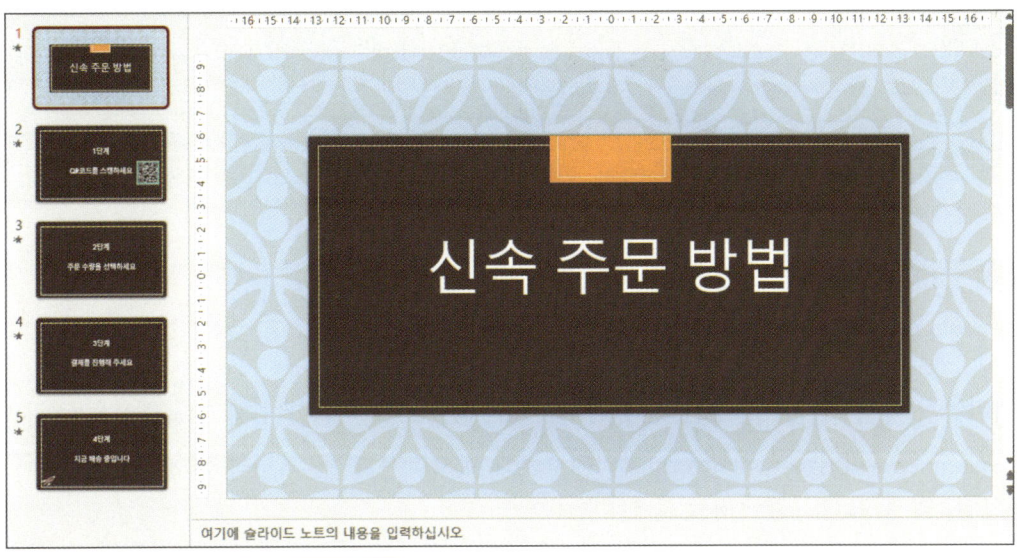

전환 효과 흩어 뿌리기
타이밍 2초 후 자동 전환, 모두 적용

2 1번 문제에 이어서 5번 슬라이드를 복제한 뒤, 로켓이 왼쪽에서 오른쪽으로 이동하는 모핑 전환 효과를 적용해 보세요.

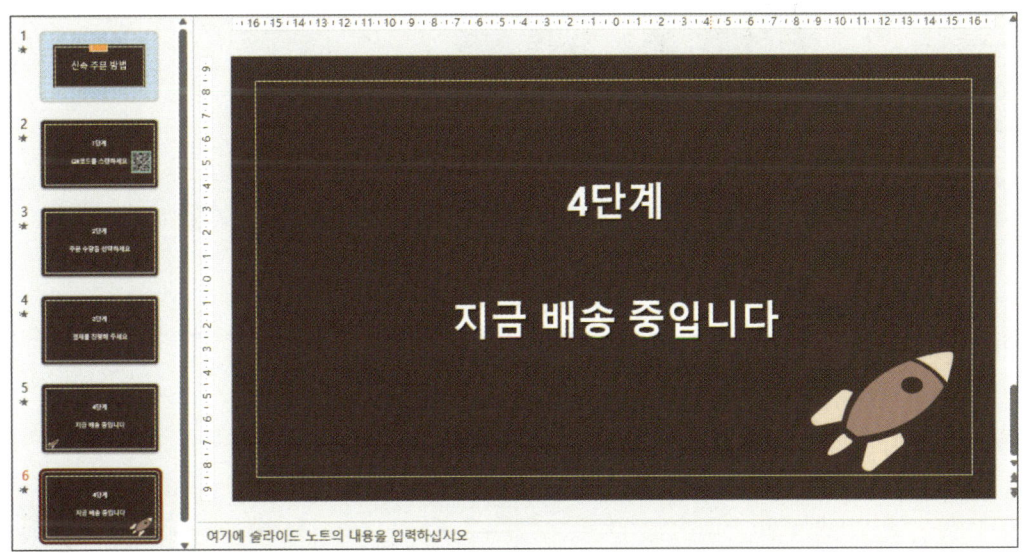

PowerPoint 2021

SECTION 18 하이퍼링크와 실행 단추

하이퍼링크를 활용하면 슬라이드 쇼를 진행할 때 특정 슬라이드나 웹 사이트로 빠르게 연결할 수 있습니다. 또한 실행 단추에 하이퍼링크를 추가하여 원하는 슬라이드로 쉽게 이동할 수 있습니다.

1 하이퍼링크 설정하기

1 '프리미엄 신제품 카탈로그.pptx' 파일에서 1번 슬라이드를 선택합니다. 제품명을 클릭하면 해당 제품의 상세 설명 슬라이드로 이동하는 하이퍼링크를 삽입하기 위해 '요리사 냉장고'가 적힌 도형을 선택한 후 [삽입] 탭-[링크] 그룹-[링크]를 클릭합니다.

2 [하이퍼링크 삽입] 대화상자가 열리면 [현재 문서]-[2. 요리사 냉장고]를 선택한 후 [확인]을 클릭합니다.

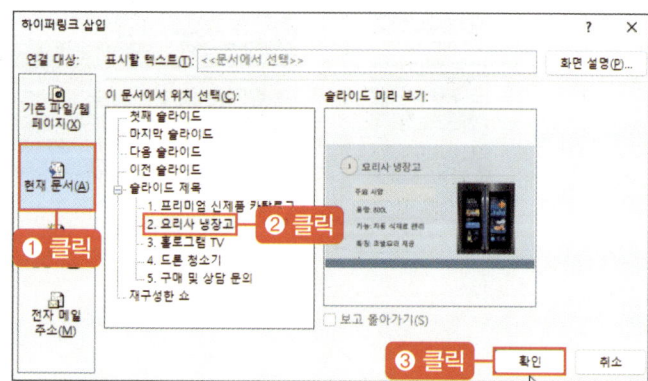

③ 슬라이드 쇼를 실행하고 하이퍼링크가 설정된 도형 위로 마우스를 갖다 대면 손 모양이 나타납니다. 이를 클릭하면 2번 슬라이드로 이동합니다.

④ 같은 방법으로 '홀로그램 TV'가 적힌 도형을 클릭하면 [현재 문서]-[3. 홀로그램 TV] 슬라이드로 이동하고, '드론 청소기'가 적힌 도형을 클릭하면 [현재 문서]-[4. 드론 청소기]로 이동하도록 하이퍼링크를 설정합니다.

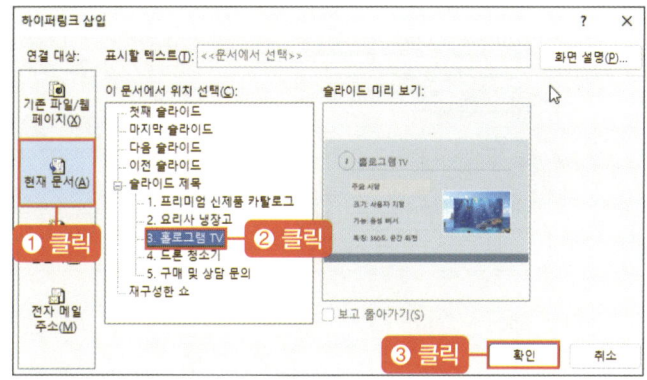

⑤ 하이퍼링크가 잘못 연결되었을 때는 [링크 편집]을 이용해 수정할 수 있습니다. 하이퍼링크가 연결된 도형에서 마우스 오른쪽 버튼을 누른 후 [링크 편집]을 클릭합니다. [하이퍼링크 편집] 대화상자에서 링크를 수정하나 제거할 수 있습니다.

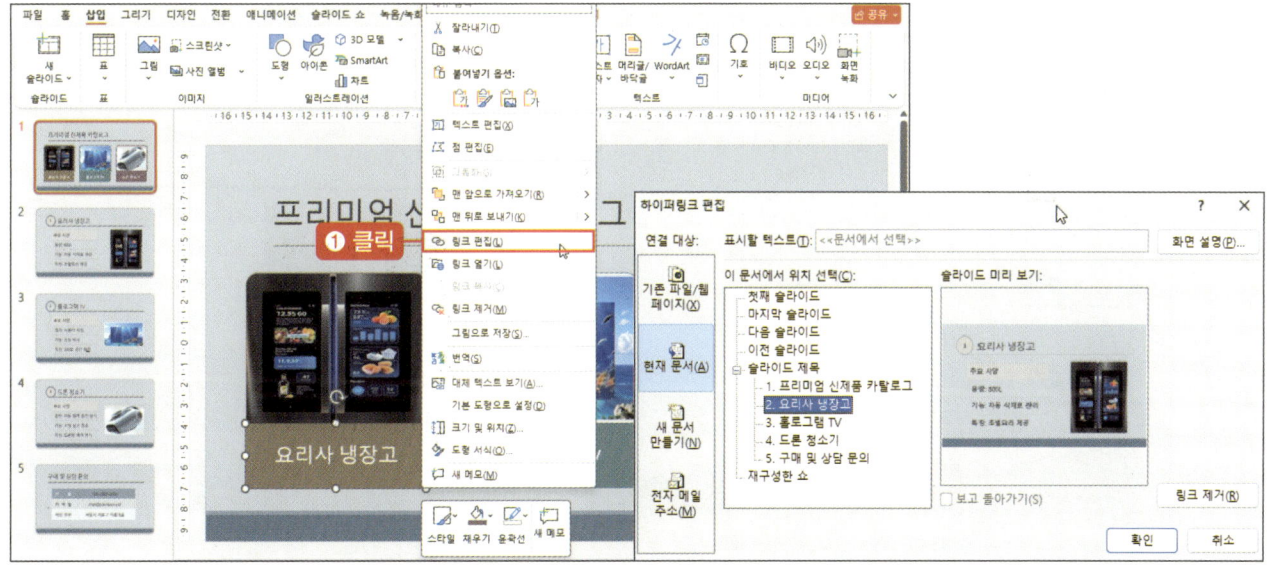

2 실행 단추 삽입하기

1 실행 단추를 삽입하여 슬라이드 간 연결을 설정할 수 있습니다. 2번 슬라이드를 선택하고 [삽입] 탭-[일러스트레이션] 그룹-[도형]-[실행 단추: 홈으로 이동(🏠)]을 클릭합니다.

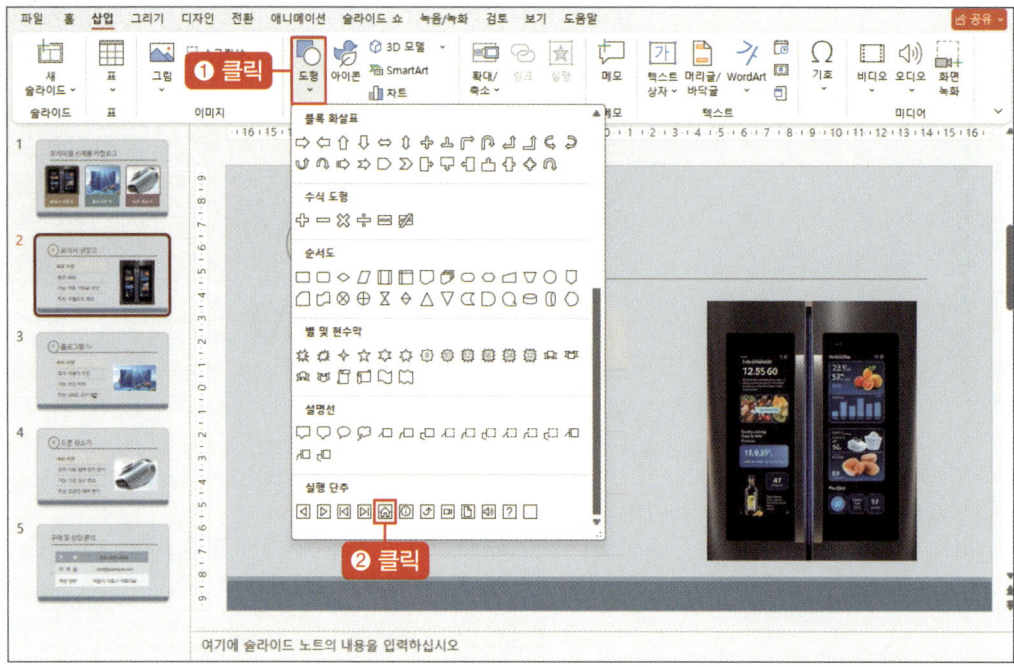

2 슬라이드에 마우스를 드래그하면 실행 단추가 삽입되면서 동시에 [실행 설정] 대화상자가 열립니다.

③ [실행 설정] 대화상자에서 하이퍼링크 목록을 클릭하여 '슬라이드'를 선택합니다.

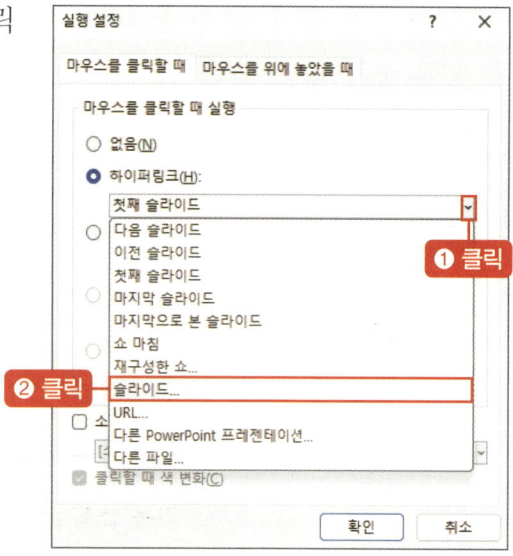

④ [슬라이드 하이퍼링크] 대화상자에서 '1. 프리미엄 신제품 카탈로그'를 선택하고 [확인]을 클릭합니다. 이어서 [실행 설정] 대화상자에서도 [확인]을 클릭합니다.

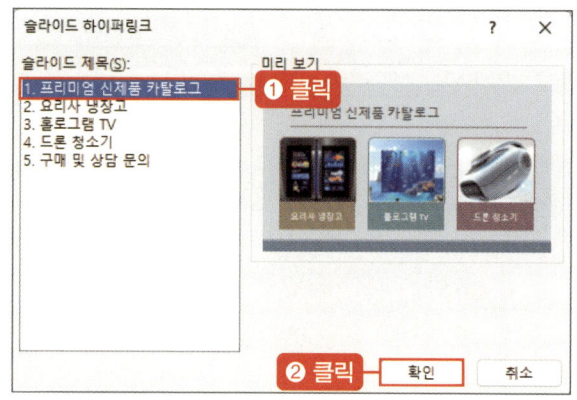

⑤ 실행 단추가 선택된 상태에서 [도형 서식] 탭-[도형 스타일] 그룹-[빠른 스타일] 목록(▼)에서 [그라데이션 채우기, 청회색, 강조 4, 윤곽선 없음]을 클릭하여 스타일을 변경합니다.

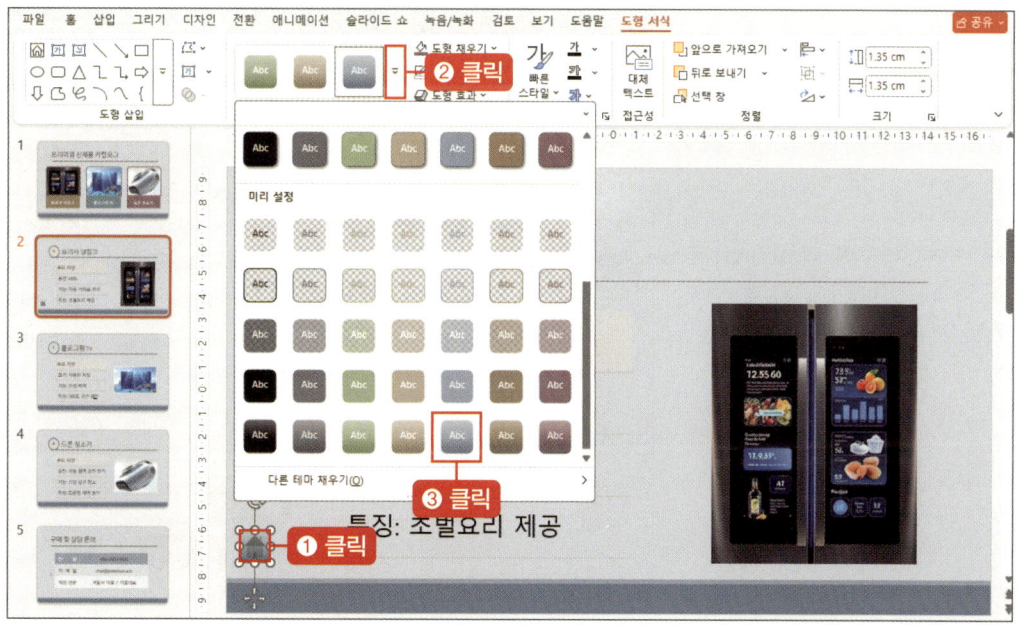

6 실행 단추를 복사하여 3번~5번 슬라이드에 모두 붙여넣습니다.

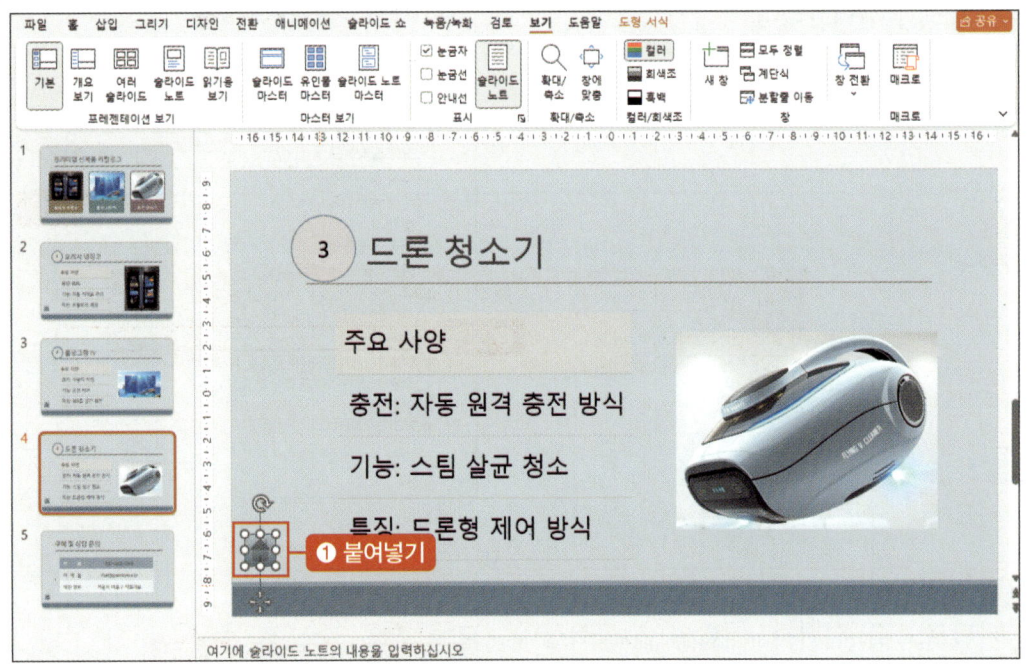

7 [슬라이드 쇼]를 실행하고 실행 단추를 클릭하면 1번 슬라이드로 이동하는 것을 확인할 수 있습니다.

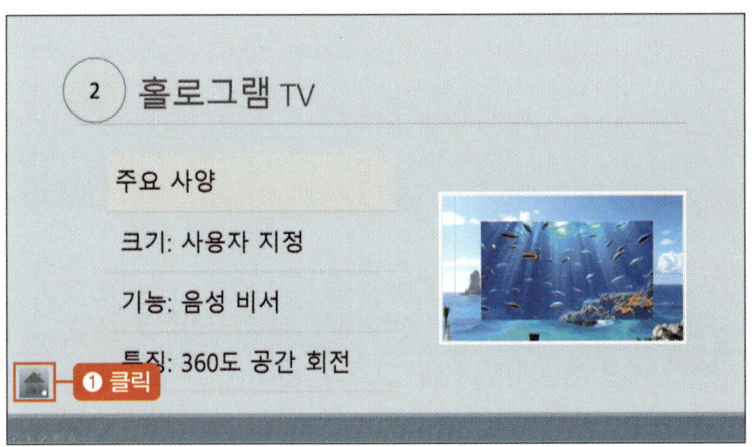

더 알아보기 웹 사이트 연결하기

[삽입] 탭-[링크] 그룹-[링크]를 클릭한 후 [하이퍼링크 삽입] 대화상자에서 연결할 웹 사이트 주소를 입력하고 [확인]을 클릭합니다.

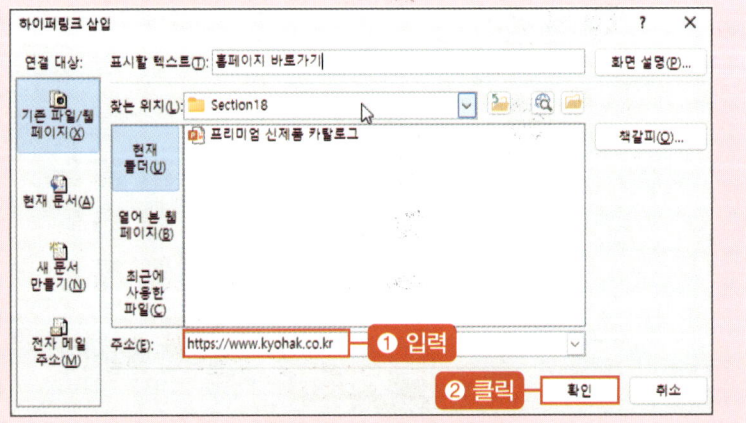

셀프 테스트

1 '사과품은 제품소개서.pptx' 파일을 열어서 2번 슬라이드에 하이퍼링크를 설정해 보세요.

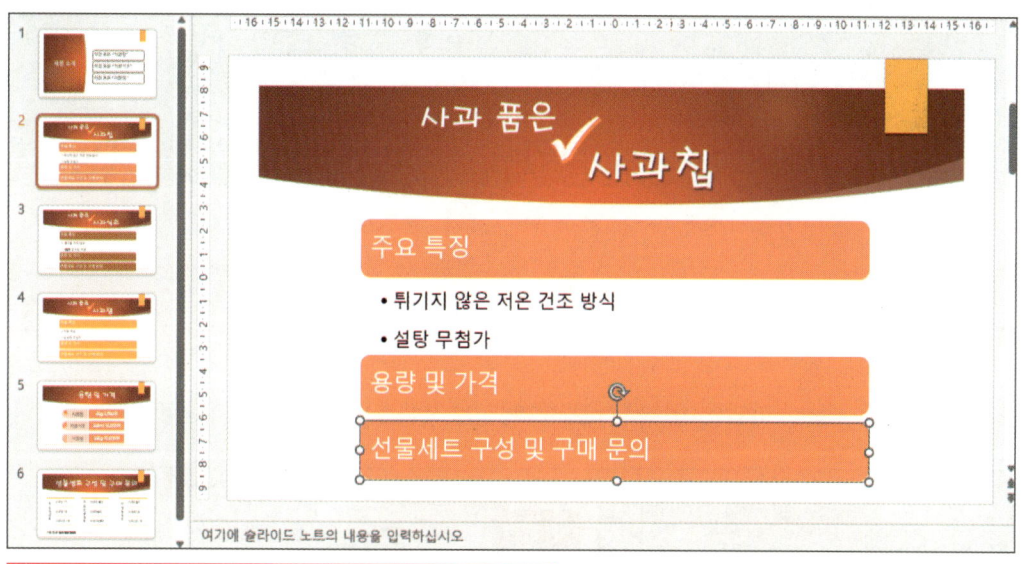

> 용량 및 가격 ⇨ 5번 슬라이드로 이동
> 선물세트 구성 및 구매 문의 ⇨ 6번 슬라이드로 이동

2 1번 문제에 이어서 6번 슬라이드에 실행 단추를 삽입하고 1번 슬라이드로 하이퍼링크를 설정해 보세요.

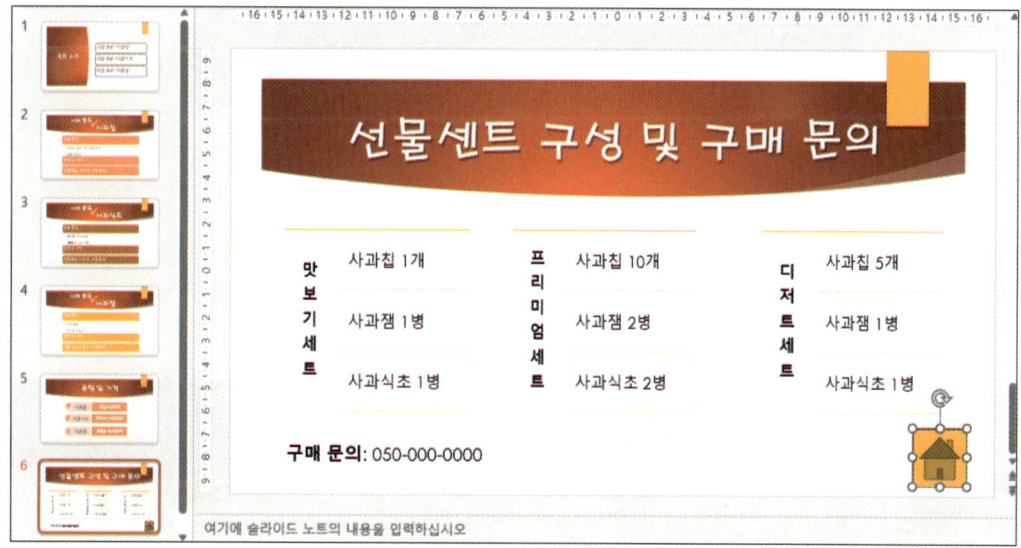

PowerPoint 2021

19 발표자 도구와 예행 연습
SECTION

발표자는 별도 화면에서 발표자 노트, 다음 슬라이드 미리보기 등을 확인할 수 있으며, 예행연습 기능을 통해 실전처럼 연습할 수 있습니다.

1 슬라이드 노트 작성하기

1 '정보화 실무 교육.pptx' 파일을 열어서 [보기] 탭-[표시] 그룹-[슬라이드 노트]를 클릭합니다.

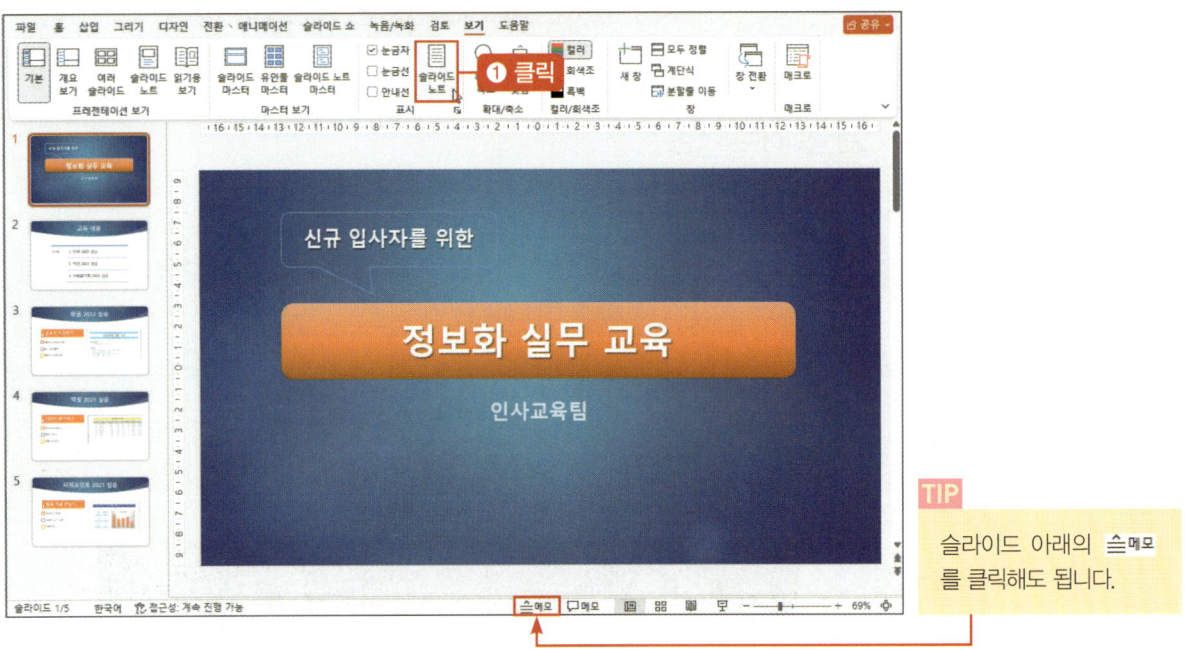

TIP
슬라이드 아래의 슬메모 를 클릭해도 됩니다.

2 슬라이드 노트의 경계선을 드래그하여 노트 영역을 조절한 후 발표에 참고할 내용을 입력합니다. 슬라이드 노트의 내용은 청중에게는 보이지 않습니다.

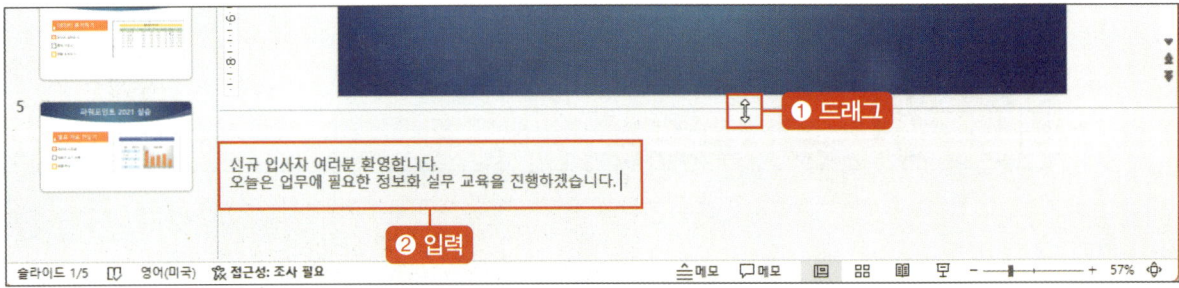

2 발표자 도구 사용하기

1 발표자 도구를 사용하면 청중에게는 슬라이드 화면이, 발표자에게는 발표자 화면이 표시됩니다. [슬라이드 쇼] 탭-[모니터] 그룹-[발표자 도구 사용]을 체크합니다.

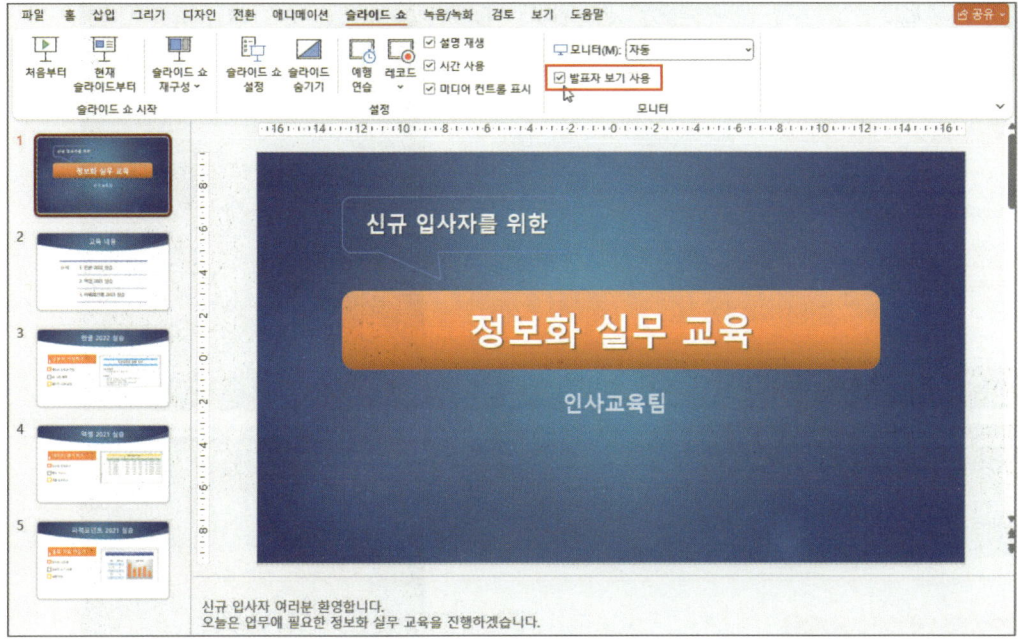

2 F5 키를 눌러 슬라이드 쇼를 실행하면 하나의 모니터에는 청중이 보는 화면이, 다른 하나의 모니터에는 발표자가 보는 화면이 표시됩니다.

TIP 모니터가 한 대일 경우에는 Alt + F5 키를 눌러 발표자 화면을 확인할 수 있습니다.

③ 슬라이드 쇼를 진행하면서 레이저 포인터를 사용하거나 펜으로 메모를 할 수 있습니다. 슬라이드 아래의 [펜 및 레이저 포인트 도구]-[펜]을 클릭합니다. 마우스 포인터가 빨간색 점으로 바뀌면 슬라이드 화면에 필기가 가능합니다.

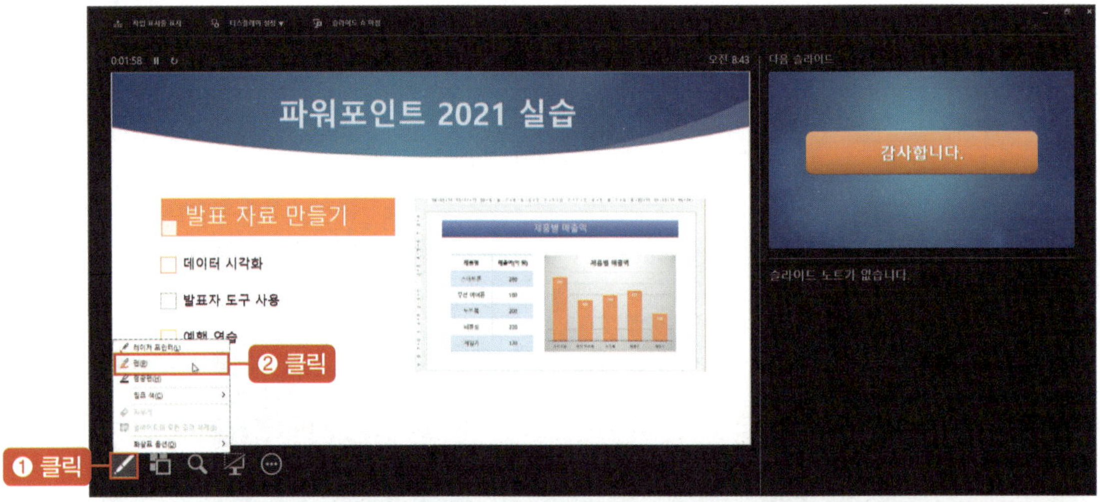

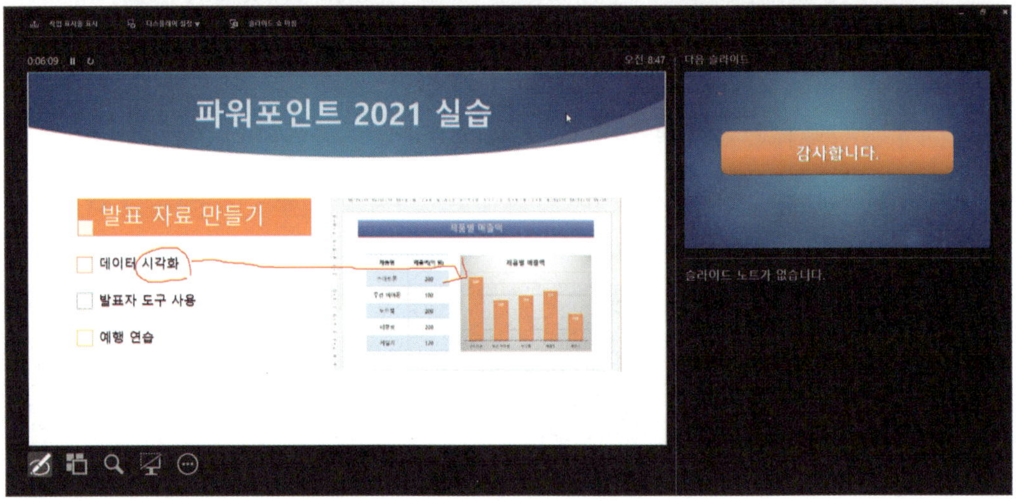

④ 슬라이드 쇼를 종료하려면 [슬라이드 쇼 마침]을 클릭합니다.

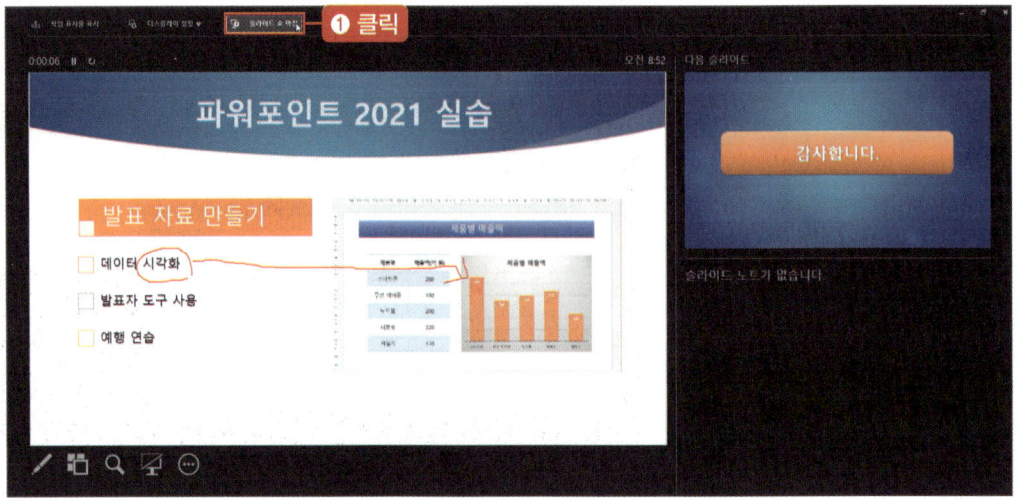

⑤ [잉크 주석을 유지하시겠습니까?]라는 대화상자가 나타납니다. [예]를 클릭합니다.

⑥ 슬라이드 쇼를 진행하면서 필기한 내용이 그대로 남아 있습니다.

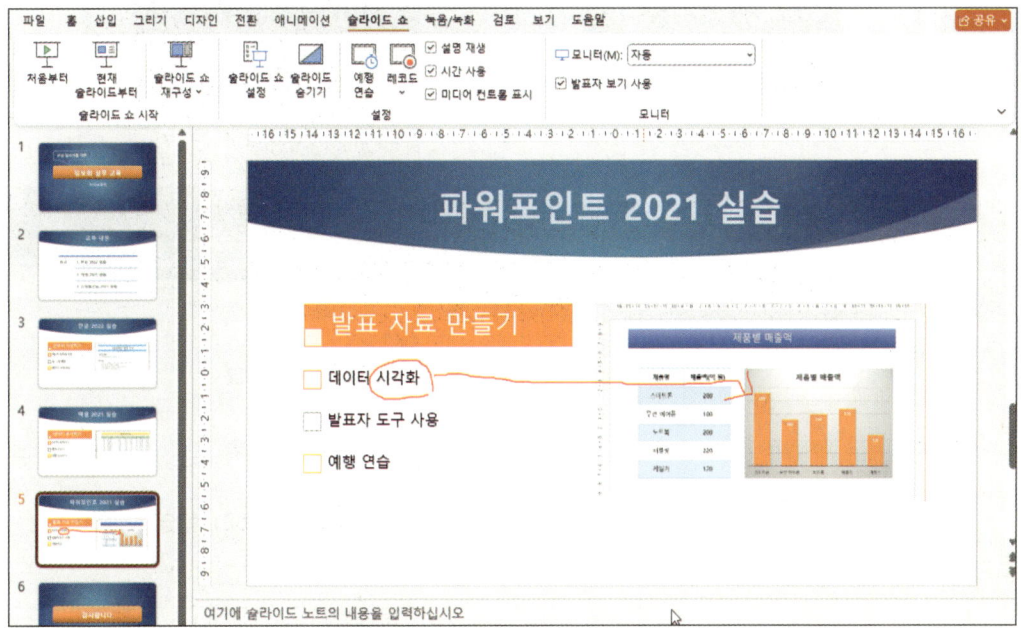

⑦ 잉크 주석을 선택한 후 Delete 키를 눌러 삭제할 수 있습니다.

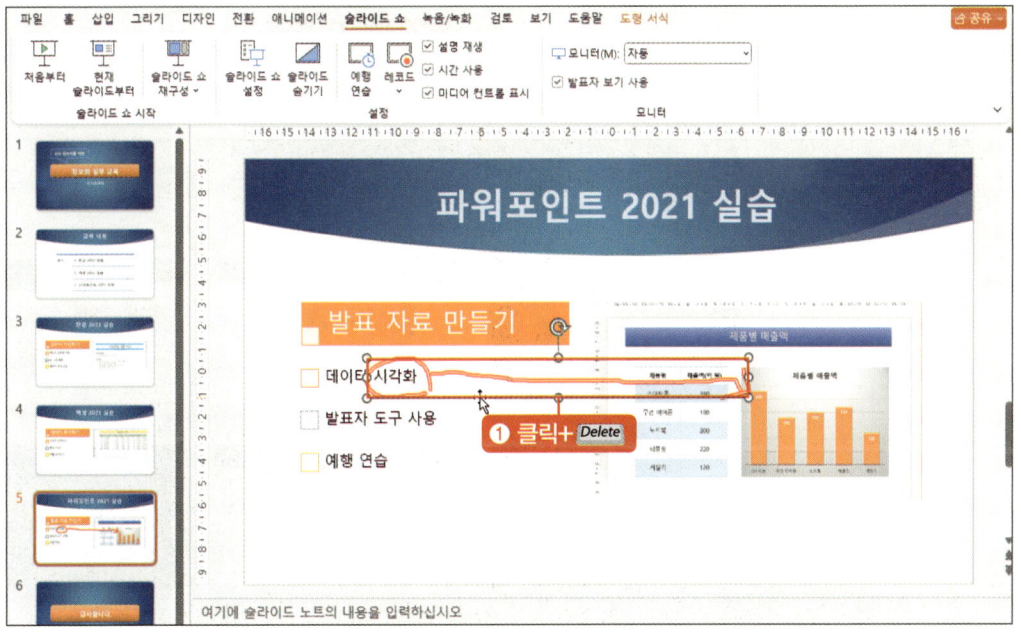

3 예행 연습하기

① 예행 연습 기능을 통해 실전처럼 연습할 수 있습니다. [슬라이드 쇼] 탭-[설정] 그룹-[예행 연습]을 클릭합니다.

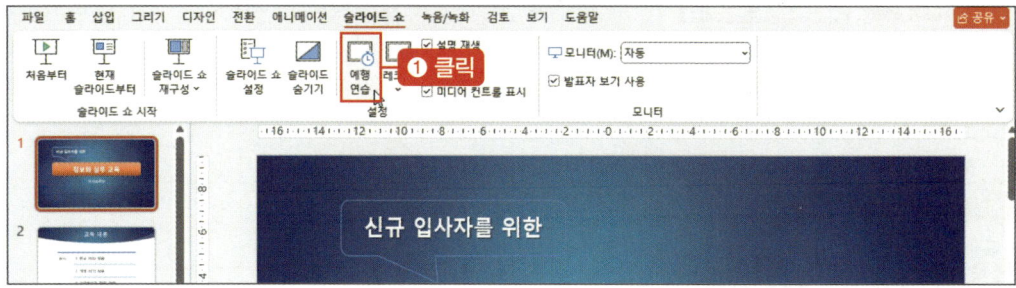

② 슬라이드 쇼가 실행되면 화면에 [녹화] 대화상자가 표시됩니다. Enter 키를 눌러 슬라이드를 넘기면서 준비한 시나리오대로 발표합니다.

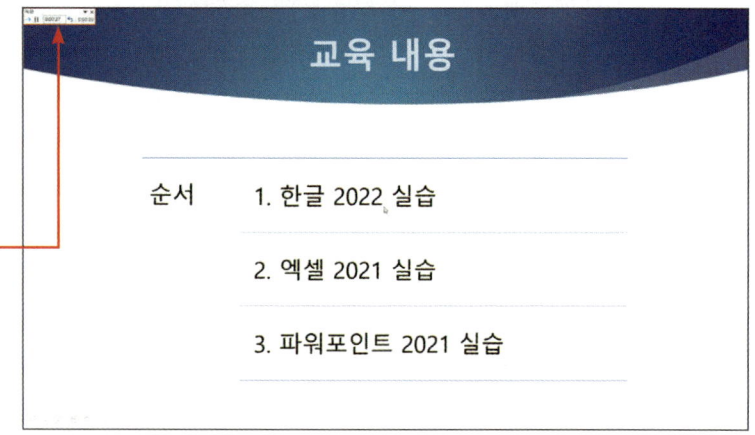

TIP

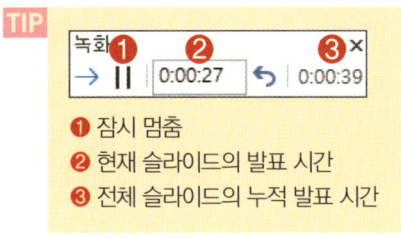

❶ 잠시 멈춤
❷ 현재 슬라이드의 발표 시간
❸ 전체 슬라이드의 누적 발표 시간

③ 슬라이드 쇼를 마치면 다음과 같은 메시지 창이 나타납니다. [예]를 클릭합니다.

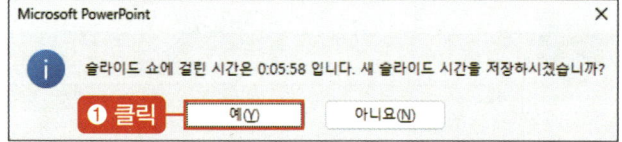

④ [보기] 탭-[프레젠테이션 보기] 그룹-[여러 슬라이드]를 클릭합니다. 각 슬라이드의 오른쪽 아래에 예행 연습한 발표 시간을 확인할 수 있습니다.

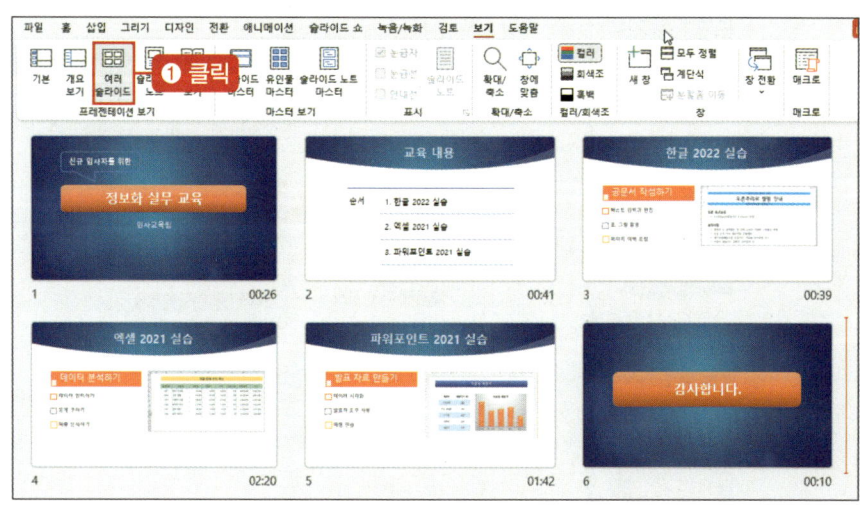

셀프 테스트

1 '파워포인트 자격시험 소개.pptx' 파일을 열어서 예행 연습 기능을 활용해 발표 시간을 저장해 보세요.

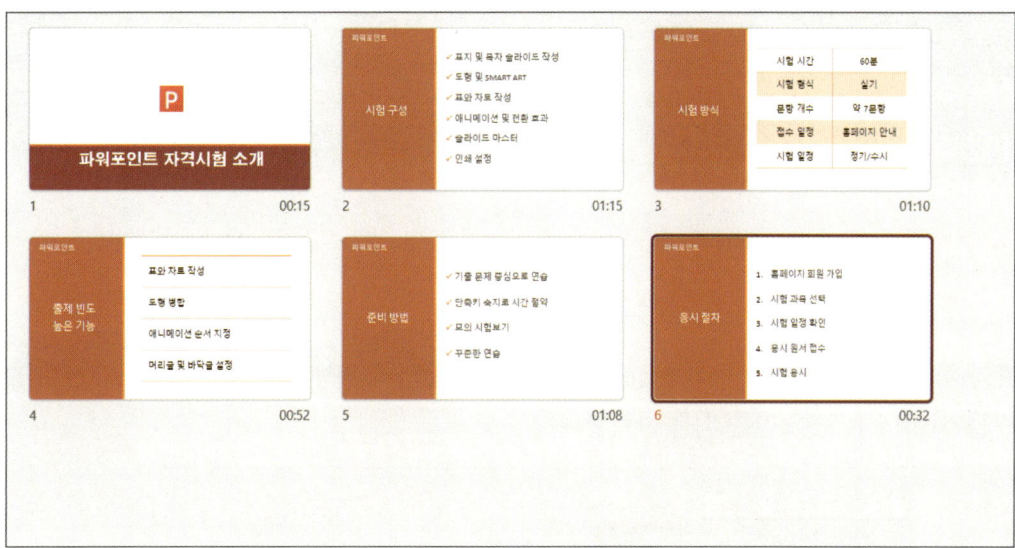

2 1번 문제에 이어서 슬라이드 쇼 실행 중 발표자 도구를 사용해 필기한 내용을 저장해 보세요.

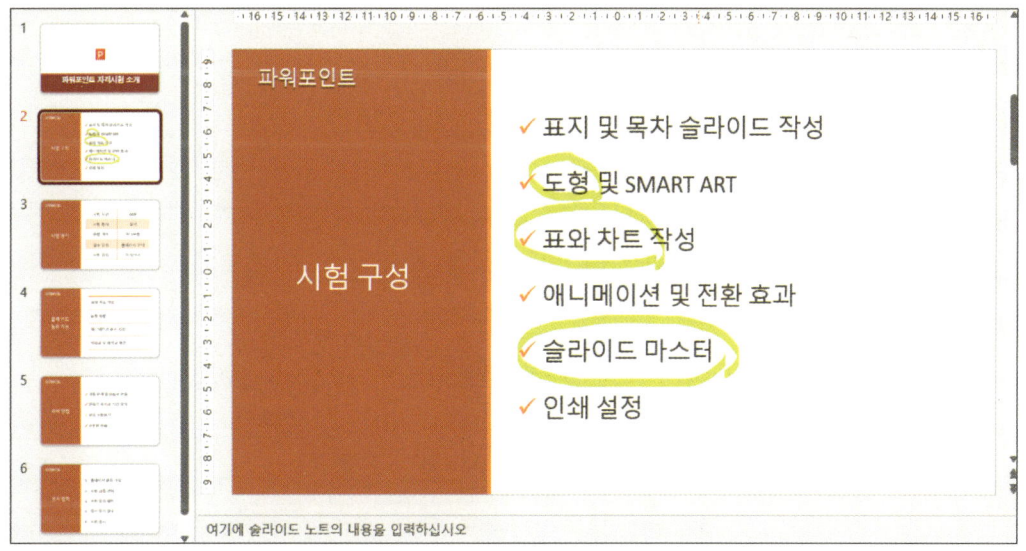

PowerPoint 2021

SECTION 20 슬라이드 배포와 인쇄

파워포인트에서 작성한 슬라이드를 PDF, 동영상, 이미지 등 다양한 파일 형식으로 내보내기하여 공유할 수 있습니다. 또한 인쇄 설정을 통해 유인물 등의 형태로 출력하여 배포할 수 있습니다.

1 PDF 형식으로 내보내기

1. '투자와 경영.pptx' 파일을 엽니다. PDF 형식으로 저장하기 위해 [파일] 탭-[내보내기]-[PDF/XPS 문서 만들기]-[PDF/XPS 만들기]를 클릭합니다.

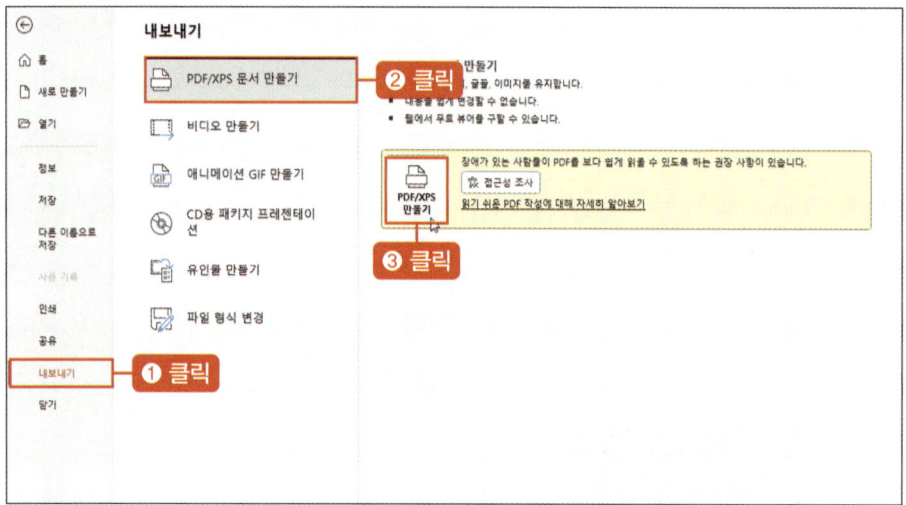

2. [PDF 또는 XPS로 게시] 대화상자가 열리면 파일 저장 위치와 파일 이름을 확인하고 [게시]를 클릭합니다.

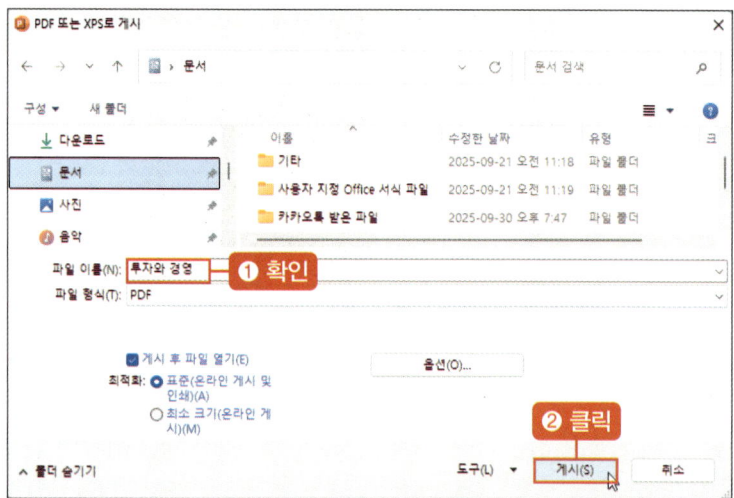

2 비디오 파일로 내보내기

1 [파일] 탭-[내보내기]-[비디오 만들기]를 클릭한 후 비디오 품질을 [표준(480p)]로 선택합니다.

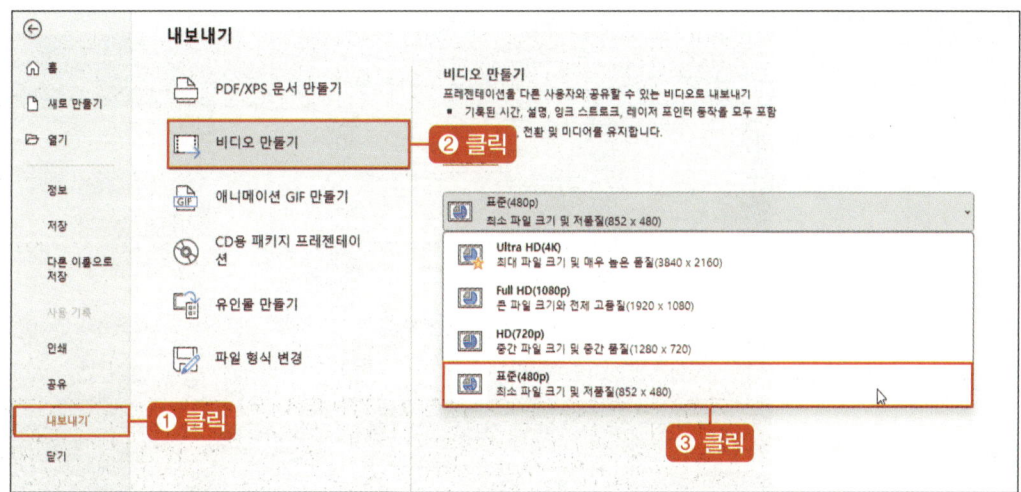

2 각 슬라이드의 재생 시간을 '03.00'으로 설정하고 [비디오 만들기]를 클릭합니다.

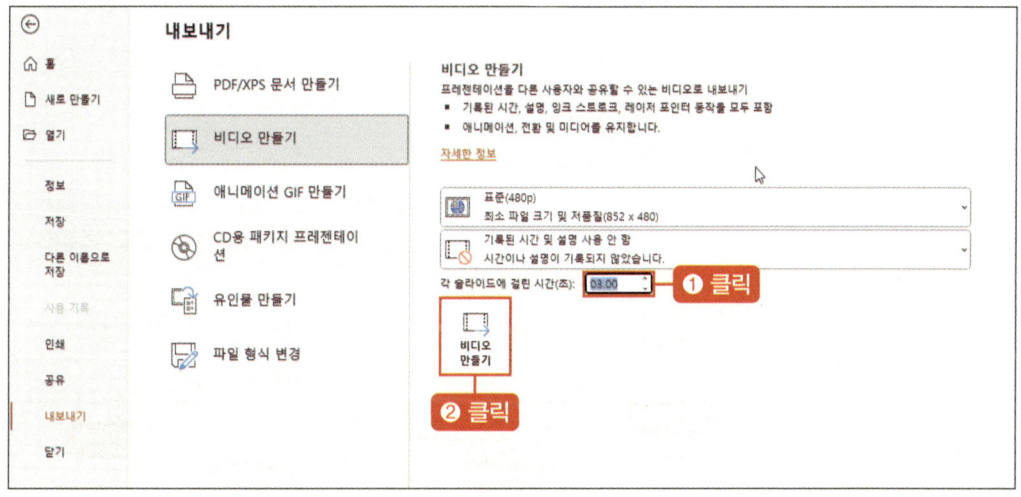

3 [다른 이름으로 저장] 대화상자가 열리면 [파일 이름: 투자와 경영], [파일 형식: MPEG-4 비디오]로 설정된 것을 확인하고 [저장]을 클릭합니다.

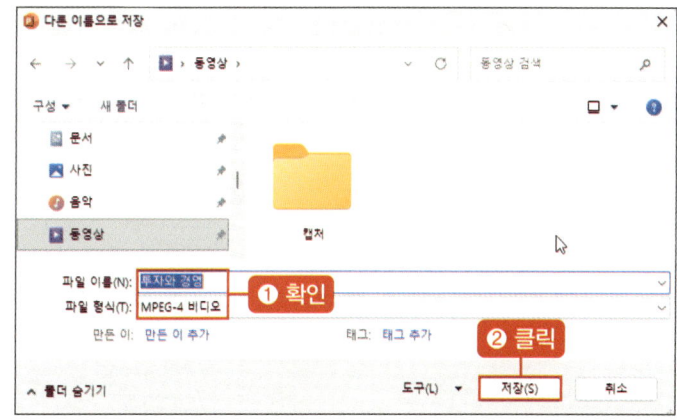

비디오로 저장된 '투자와 경영.mp4' 파일을 실행합니다.

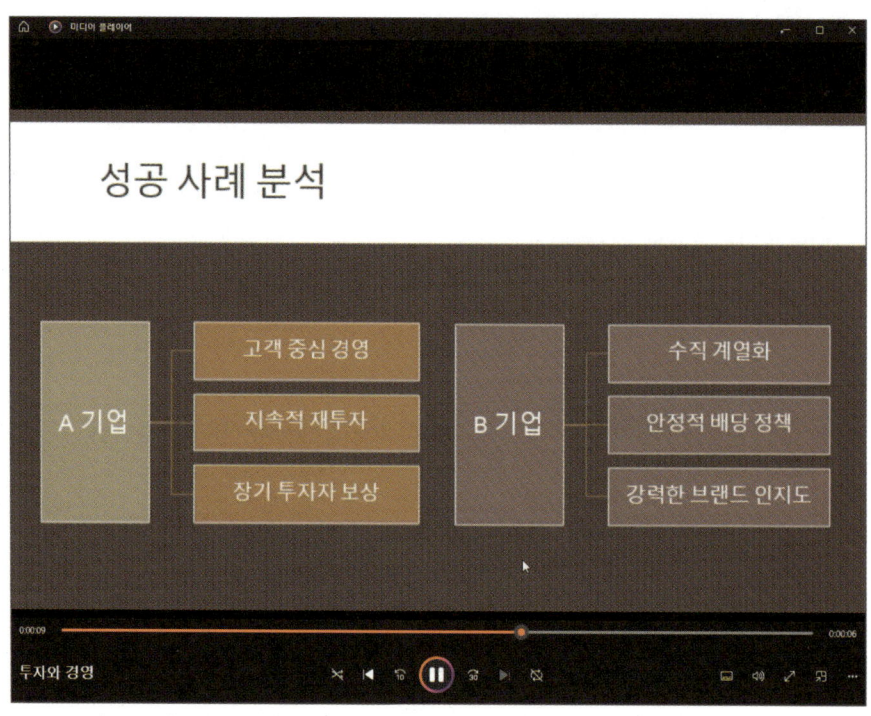

더 알아보기 | 슬라이드를 이미지 파일로 저장하기

누구나 쉽게 파워포인트 문서를 볼 수 있도록 각각의 슬라이드를 이미지 파일로 저장할 수 있습니다.

[파일] 탭-[내보내기]-[파일 형식 변경]-[JPEG 파일 교환 형식]을 선택한 후 [다른 이름으로 저장]을 클릭합니다. 내보낼 슬라이드를 선택하여 저장하면 새로운 폴더가 생성되면서 각각의 슬라이드가 이미지로 저장됩니다.

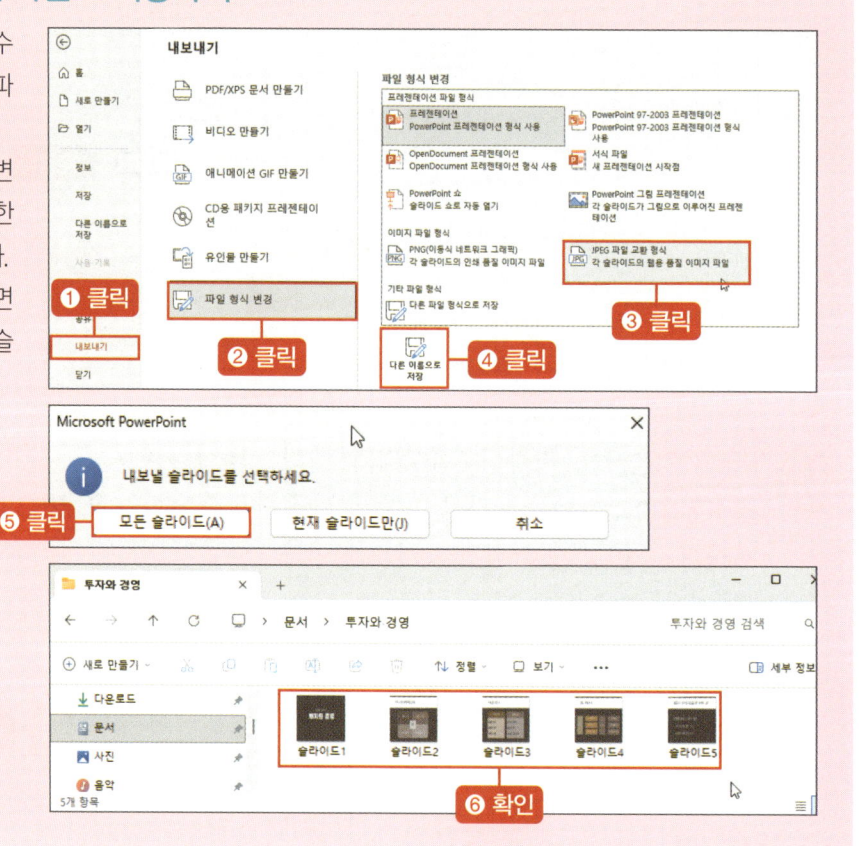

3 유인물 인쇄하기

1. 유인물 마스터에서 인쇄할 유인물의 레이아웃을 설정합니다. [보기] 탭-[마스터 보기] 그룹-[유인물 마스터]를 클릭합니다.

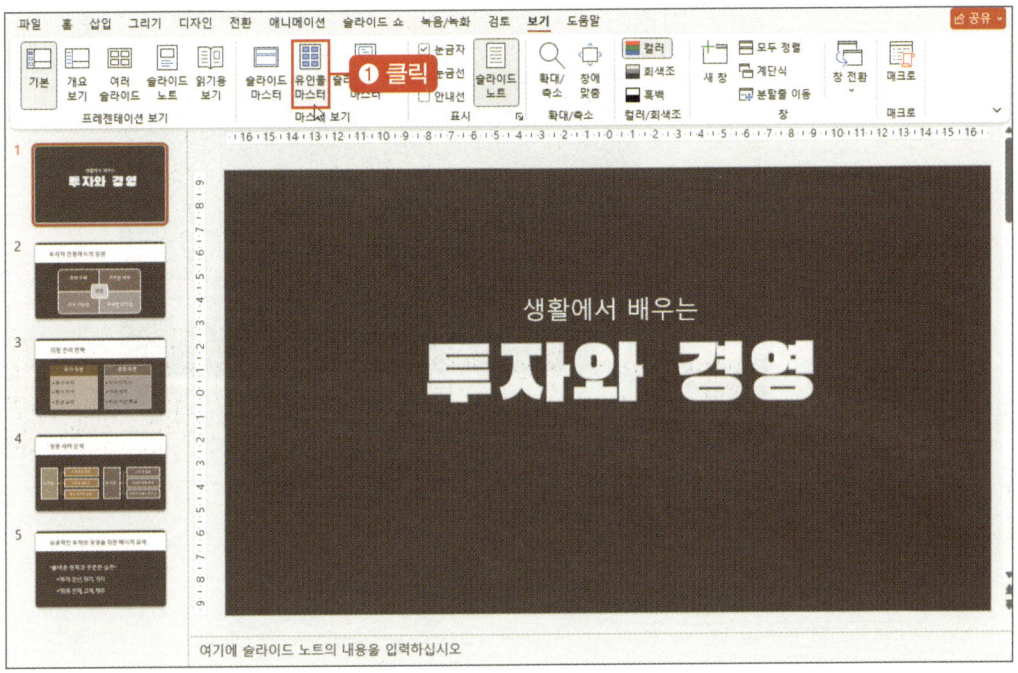

2. 유인물에는 바닥글과 페이지 번호만 표시되도록 설정하기 위해 [유인물 마스터] 탭-[개체 틀] 그룹에서 머리글과 날짜를 체크 해제하고, 바닥글과 페이지 번호를 체크합니다. 바닥글에 '투자와 경영'을 입력한 후 [마스터 보기 닫기]를 클릭합니다.

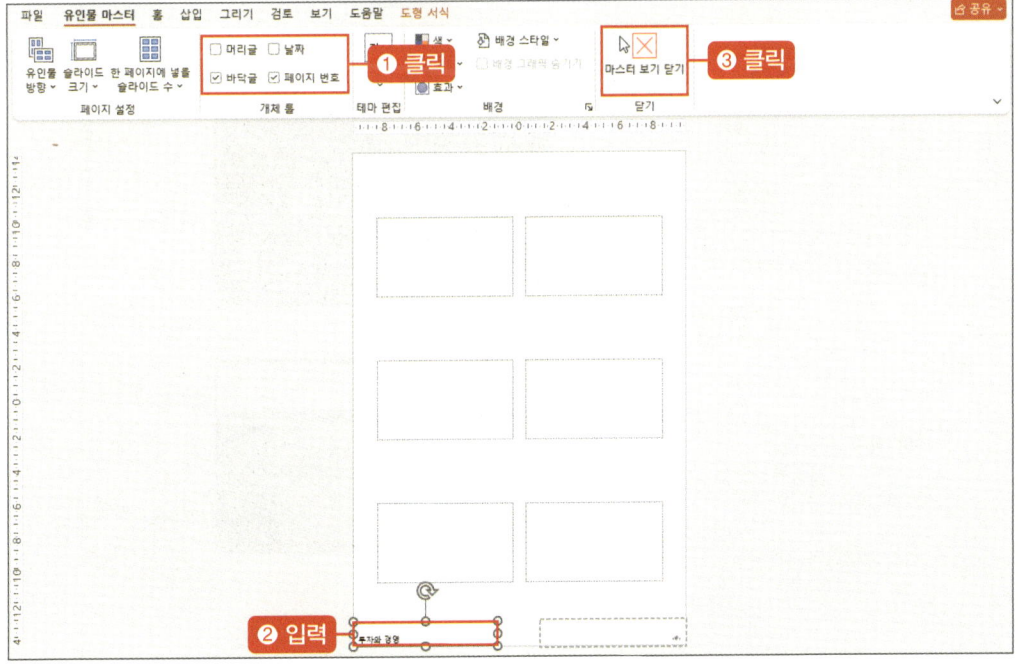

❸ [파일] 탭-[인쇄]를 클릭합니다. [설정]-[인쇄 모양]-[전체 페이지 슬라이드]를 선택하고, [유인물]-[2슬라이드]를 클릭합니다.

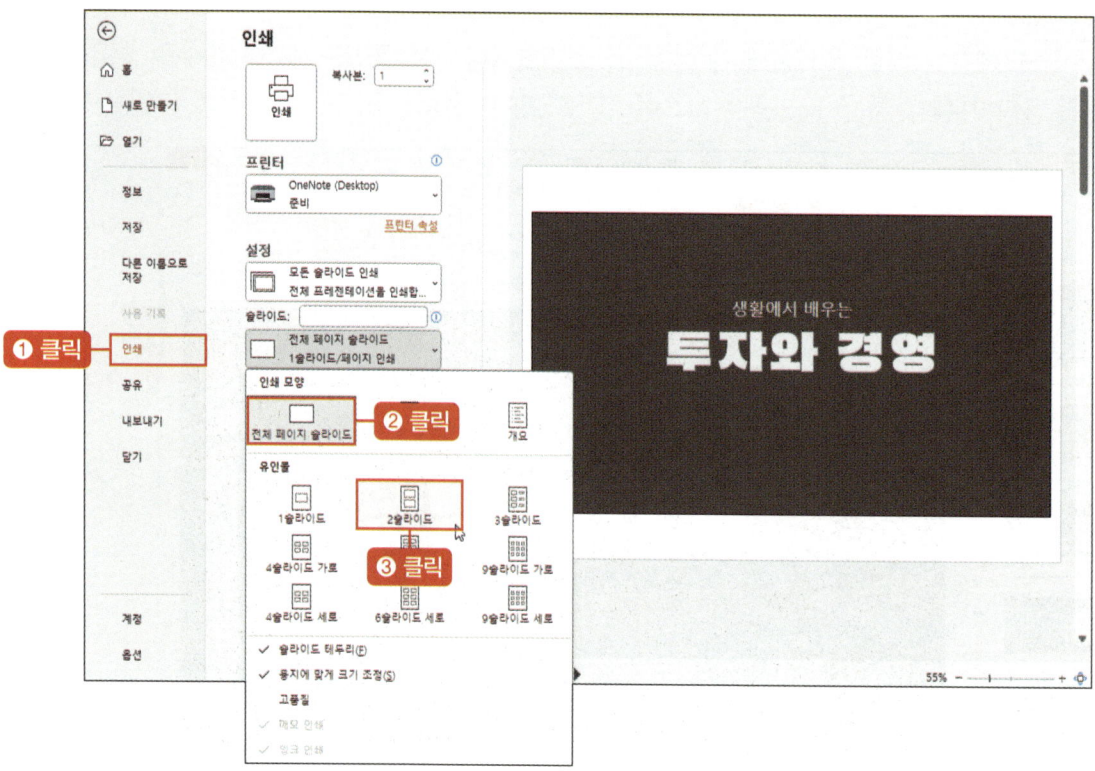

❹ [인쇄]를 클릭하면 유인물 마스터에서 설정한 레이아웃을 유지하면서 한 페이지에 2장의 슬라이드가 출력됩니다.

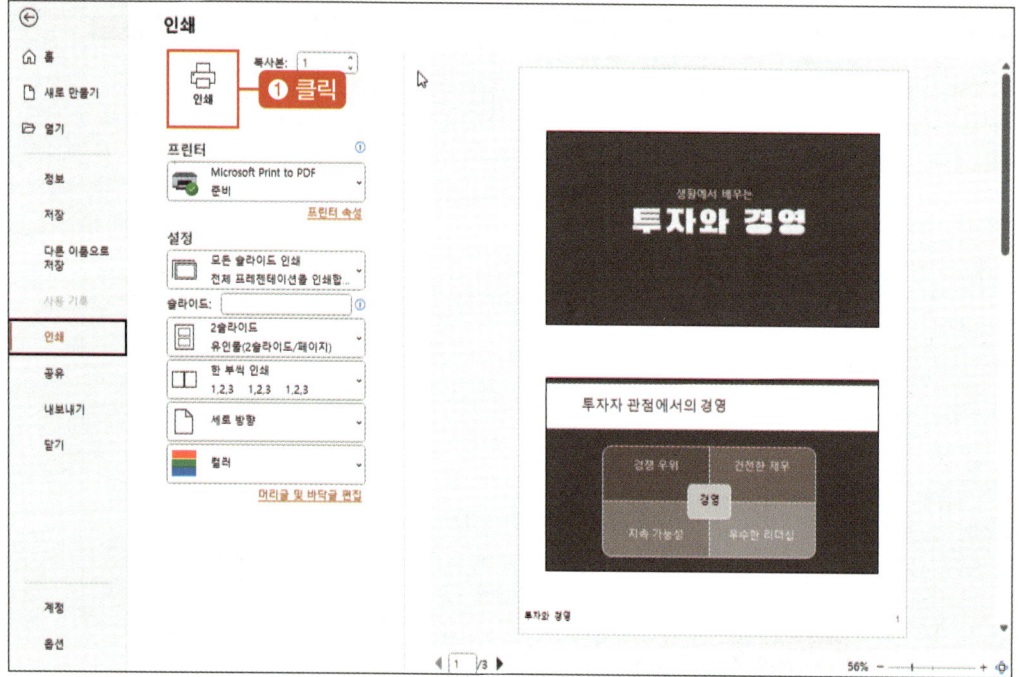

4 암호 설정하기

① [파일] 탭-[정보]-[프레젠테이션 보호]-[암호 설정]을 클릭합니다.

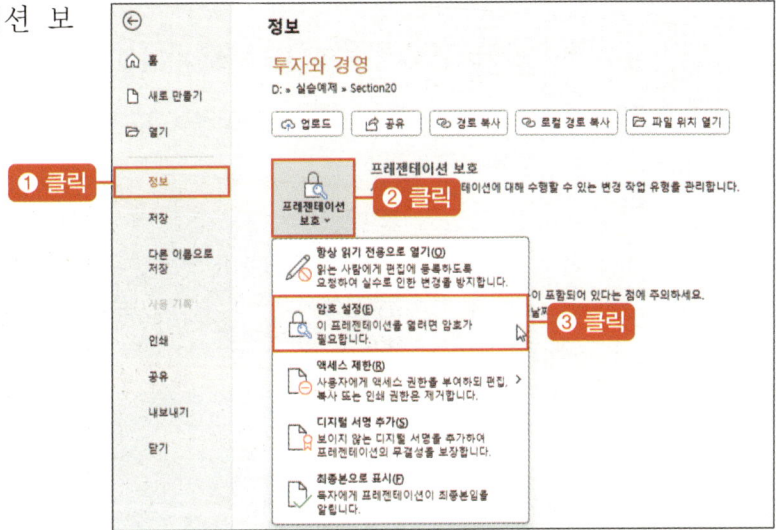

② [문서 암호화] 대화상자가 열리면 [암호]에 'pp2021'을 입력하고 [확인]을 클릭합니다. [암호 확인] 대화상자에 다시 한번 동일한 암호를 입력하고 [확인]을 클릭합니다.

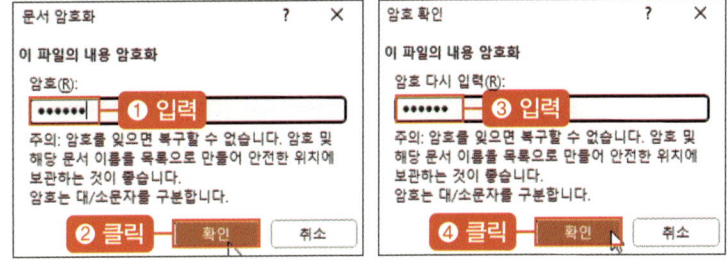

③ '이 프레젠테이션을 열려면 암호가 필요합니다'라는 메시지가 노란색으로 표시됩니다. 이제 암호를 입력해야만 파일을 열 수 있습니다. 암호를 해제하려면 [문서 암호화] 대화상자에서 입력된 암호를 삭제하면 됩니다.

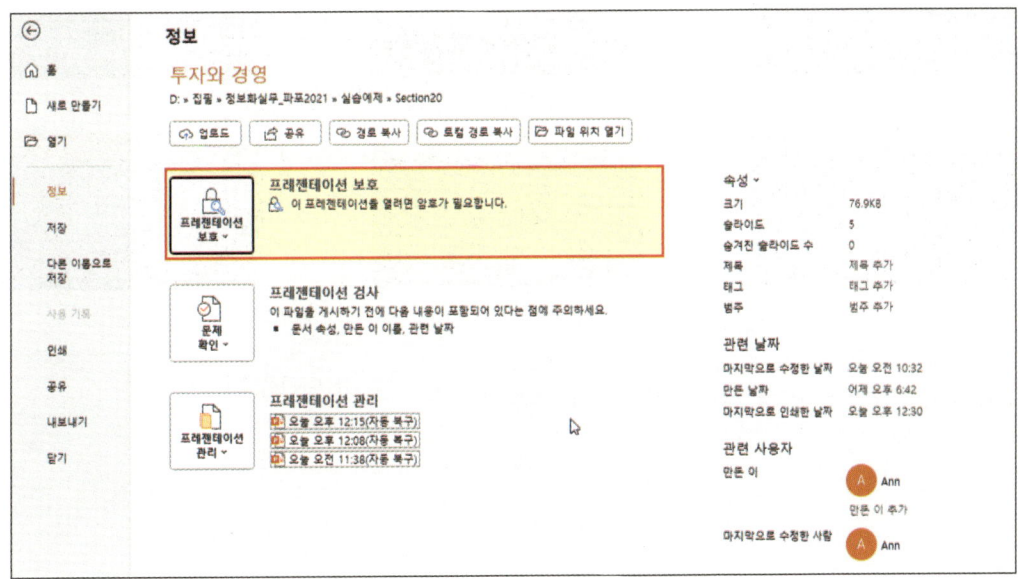

셀프 테스트

1 '온라인 특강.pptx' 파일을 열어서 PDF 파일로 저장해 보세요.

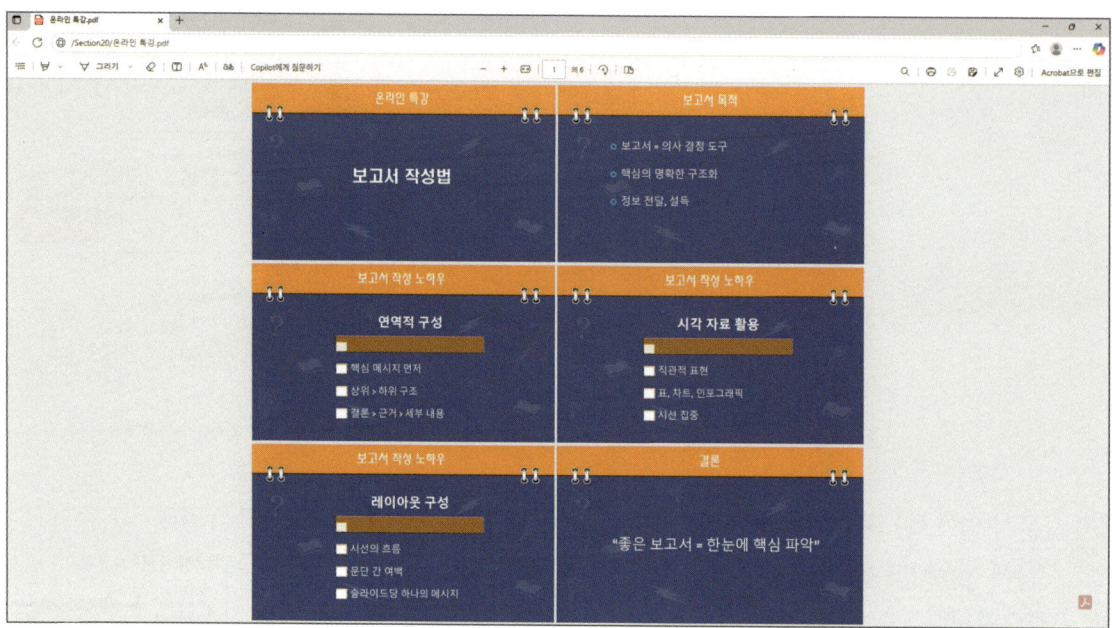

2 1번 문제에 이어서 유인물(2슬라이드)로 인쇄해 보세요.

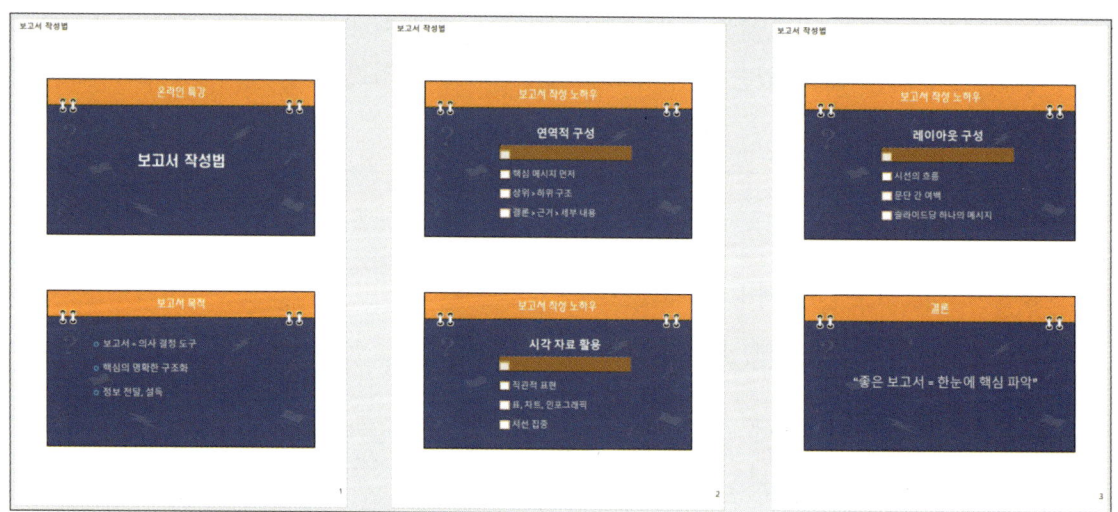

유인물 마스터 머리글-'온라인 특강' 입력, 페이지 번호 표시